Johanna Titus
Nachtisch wie zu Omas Zeiten

AF125521

SEVERUS Verlag

Titus, Johanna: Nachtisch wie zu Omas Zeiten. 320 bewährte Rezepte von 1906. 2022
Neuauflage der Ausgabe von 1906
ISBN: 978-3-96345-357-1

Korrektorat: Anny Mohr, Ronja Rademacher
Satz: Anny Mohr
Illustrationen: Anny Mohr (© SEVERUS Verlag)
Ergänzendes Vorwort: Anny Mohr (© SEVERUS Verlag)

Umschlaggestaltung: Annelie Lamers, SEVERUS Verlag
Umschlagmotiv: rawpixel/freepik.com; pixabay.com

Bibliografische Information der Deutschen Nationalbibliothek: Die Deutsche Nationalbibliothek verzeichnet diese Publikation in der Deutschen Nationalbibliografie; detaillierte bibliografische Daten sind im Internet über https://dnb.de abrufbar.

Der SEVERUS Verlag ist ein Imprint der Bedey & Thoms Media GmbH,
Hermannstal 119k, 22119 Hamburg

SEVERUS Verlag, 2022
http://www.severus-verlag.de
Gedruckt in Deutschland

Johanna Titus

Nachtisch wie zu Omas Zeiten
320 bewährte Rezepte von 1906

Editorische Notiz:
Der Text der vorliegenden Edition beruht auf der Ausgabe:
Johanna Titus: Allerlei Süßigkeiten. 320 bewährte Rezepte. Verlag von Eugen Twietmeyer,
Leipzig 1906. Die Orthographie wurde behutsam modernisiert, grammatikalische Eigen-
heiten bleiben gewahrt. Die Interpunktion folgt der Druckvorlage. Der Inhalt ist im histori-
schen Kontext zu lesen.

Inhalt

Vorwort des Verlags

Gerade in der Weihnachtszeit ist Backen eine Freizeitbeschäftigung, die nicht fehlen darf – nicht allein, weil in der dunklen Jahreszeit mehr genascht wird, sondern auch, weil der wohltuende Duft die Weihnachtsstimmung erst so richtig ausmacht. Was wäre ein Gang über den Weihnachtsmarkt ohne den Geruch von gebratenen Mandeln oder kandierten Früchten? Was wäre ein Heiligabend ohne den Duft von selbstgebackenen Keksen in der Luft?

Die Rezeptsammlung „Allerlei Süßigkeiten" von Johanna Titus aus dem 19. Jahrhundert bietet vielseitige Rezepte für jede Jahreszeit. Backen wird damit auch zu Hause eine Zeitreise und ein Vergnügen. Backen ist immer mit Zeit, Fleiß und Leidenschaft verbunden – aber als Belohnung hat man nicht nur köstliches Backwerk, sondern kann zusätzlich den sich in der gesamten Wohnung verbreitenden Duft von frischem, warmem Teig genießen. Und wenn man sich gewissenhaft an die Rezeptvorgaben hält, hat ein gelungener Kuchen nichts mehr mit Können zu tun. Backen kann jeder!

Die Autorin Johanna Titus, Pseudonym für Phili Freiensehner, geboren im Jahre 1854, lebte im 19./20. Jahrhundert in Lindenfels am Odenwalde in Hessen, wo sie hauptberuflich als Verlagsmitarbeiterin für Frauenzeitschriften tätig war. In ihrer Freizeit war sie begeisterte Bäckerin und arbeitete über Jahre hinweg mit Leidenschaft an dieser Rezeptsammlung, um Hausfrauen und Köchinnen einen Anstoß für viele schöne Nachspeisen für die heimatliche Tafel zu geben. In ursprünglich drei Auflagen wurde das Buch überarbeitet und um weitere neue Rezepte ergänzt.

Johanna Titus bietet in diesem Backbuch nicht nur vielerlei Rezeptideen für jeden Geschmack, sondern auch Backerlebnisse im traditionellen Stil. Die altmodische Ausdrucksweise schafft ein romantisches Flair in der eigenen Küche und durch einige einfache Tipps und Tricks zur Backkunst gelingt auch Ihnen zu Hause jedes Backwerk.

Die Teige werden nach Angabe noch traditionell von Hand gerührt, man kommt ganz ohne eine moderne Küche und technische Hilfsmittel aus. Wer aber einfach nur den alten Schreibstil der Rezepte und den vorzüglichen Geschmack des Backwerks genießen möchte, kann natürlich genauso gut einen Mixer zur Hand nehmen und die Rührerei etwas beschleunigen. Bei den heutigen Öfen einer modernen Küche ist es wahrscheinlich, dass auch die Backzeiten etwas von der ursprünglichen Angabe abweichen.

Ebenso wird die zu verwendende Menge einiger Zutaten, wie beispielsweise Hefe und Vanillezucker, zwischenzeitlich in Pfennig (Abk. Pfg.) angegeben. Diese Art der Mengenangabe war früher nicht selten und beschreibt diejenige Menge der Zutat, die man für den genannten Preis im Handel kaufen konnte.

Zutat	Angabe in Pfg.	Angabe in heutiger Mengenheit
Hefe	8 Pfg.	45 g
	5 Pfg.	40 g
	10 Pfg.	75 g
Trockene Hefe	6, 8 Pfg.	ca. 1 Päckchen (= 7 g)
Vanillezucker	10-Pfg.-Päckchen	ca. 1 Päckchen
Käsematte (Quark)	20 Pfg.	ca. 500 g oder etwas weniger
Geriebene Mandeln	5 Pfg.	Auf Basis ähnlicher Rezepte wird empfohlen bei dieser Mengenangabe ca. 50 g geriebene Mandeln zu verwenden.
Sultanrosinen	5 Pfg.	Auf Basis ähnlicher Rezepte wird empfohlen bei dieser Mengenangabe ca. 50 g Rosinen zu verwenden.
Zitronat (= Sukkade)	15 Pfg.	Da im gesamten Rezeptbuch, wenn verwendet, nie mehr als 200 g Sukkade/Zitronat angegeben sind, wird bei der entsprechenden Angabe in Pfg. eine Menge zwischen 100-200 g empfohlen.

Nun sind Sie an der Reihe, geben Sie sich alten Traditionen hin und lassen Sie den wohltuenden Duft des Backens durch ihre Wohnung schweifen. Und zu guter Letzt, genießen Sie ihr selbstgemachtes Backwerk!

Anny Mohr
SEVERUS Verlag

Vorwort der Autorin

Wenn Süßigkeiten für den täglichen Tisch auch nicht die Bedeutung haben wie die übrigen Speisen, so mag man sie doch gar manchmal nicht entbehren, und namentlich bei festlichen Gelegenheiten spielen sie eine nicht unbedeutende Rolle. Deshalb hoffe ich auch, dass das vorliegende Büchlein Liebhaberinnen finden wird. Es enthält nur solche Rezepte, die ich in einer langen Reihe von Jahren gesammelt und erprobt habe.

Ich bin fest überzeugt, dass die Hausfrauen und Köchinnen, welche das kleine Buch gebrauchen, und zwar, wie ich ausdrücklich betonen möchte, genau nach den Vorschriften der Rezepte verfahren, an den süßen Produkten ihrer Kunst ihre Freude haben werden, und dass es ihnen auch an wohlverdienter Anerkennung ihrer Leistungen nicht fehlen wird.

Johanna Titus

Vorwort zur zweiten Auflage

Erfreut über die günstige Aufnahme, die dies kleine Buch gefunden hat, habe ich der neuen Auflage eine besondere Aufmerksamkeit zugewendet. Manches darin ist verbessert, neue, erprobte Rezepte sind hinzugekommen, jede Rubrik hat einen kleinen, guten Zuwachs erhalten. Ich hoffe somit, dass das Büchelchen auch in der neuen Auflage sich weitere Freunde erwerben wird.

Ein zweites Büchelchen „Allerlei pikante Speisen" wird gleichzeitig von mir herausgegeben, ich hoffe, dass auch dieses eine freundliche Aufnahme findet, weil es das frühere in gewünschter Weise ergänzt.

Lindenfels, im November 1900

Johanna Titus

Vorwort zur dritten Auflage

Beim Erscheinen der neuen Auflage möchte ich meinen Dank aussprechen für die Anerkennung, die mir von vielen Seiten zuteilwurde.

Zur Vervollkommnung des Buches habe ich 20 neue, erprobte Rezepte, die Erfahrungen der letzten Jahre, hinzugefügt und darf wohl hoffen, dass auch diese Auflage freundlich aufgenommen wird.

Lindenfels, im Sommer 1906

Johanna Titus

Einige Backregeln

Man verwende stets die besten Ingredienzien, sorge besonders für gute Eier und frische Butter und siebe das Mehl durch. Fernere Hauptbedingungen für das gute Gelingen jeglichen Backwerkes sind, dass man den Kuchenteig stets nach derselben Richtung rührt, nicht, wenn man den Eierschnee hinzufügt, hart an das Gefäß, in dem die Masse sich befindet, stößt, und dass man den Kuchen, wenn er in der Form verteilt worden ist, s o f o r t in den Ofen schiebt.

Nach dem Backen rüttle man nicht an der Form, sondern stelle den Kuchen vorsichtig, im Winter mit einem leichten, reinen Tuche zugedeckt, an einen zugfreien Ort und nehme ihn erst, nachdem er etwas erkaltet ist, aus der Form. Obstkuchen müssen dagegen, sobald sie gebacken sind, vom Blech geschoben werden, damit sie unten trocken bleiben.

„Zucker zum Flug einkochen" heißt, Zucker so lange kochen, bis er in Blasen davonfliegt, wenn man eine Gabel hineintaucht und gegen den Zuckersirup bläst.

Zum Auflösen der Gelatine bediene man sich eines hohen Gefäßes, etwa von der Größe eines 1/2 Litermaßes. In dieses stellt man die aufgerollten Gelatinetafeln, schüttet kochend heißes Wasser darauf und rührt sie mit einem silbernen Löffel so lange um, bis sie völlig in eine glatte Masse aufgelöst sind. Die aufgelöste Gelatine gießt man durch ein weißes Mullstückchen, damit alle Unreinheiten derselben zurückbleiben.

KUCHEN

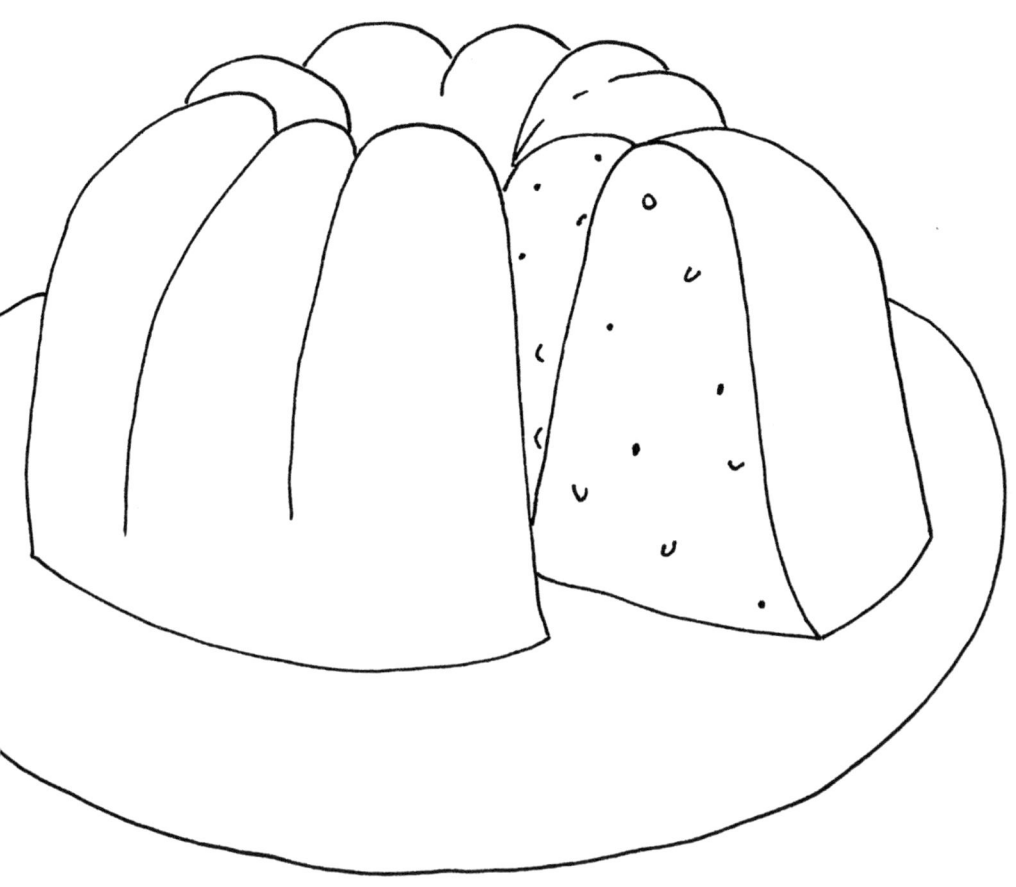

Amerikanischer Fruchtkuchen

500 Gramm Butter, 500 Gramm Zucker, 10 Eier, 500 Gramm Mehl, 1 Kilo und 500 Gramm ausgekernte Rosinen, 1 Kilo Korinthen, 375 Gramm Zitronat, 250 Gramm Mandeln, 250 Gramm Feigen, 250 Gramm Datteln, 1 Tasse Wein oder Branntwein, 1 Teelöffel voll Zimt, 2 gestoßene Nelken, die abgeriebene Schale 1 Zitrone, 1/2 Muskatnuss fein gerieben.

Die Butter rührt man mit 2 Esslöffeln voll von dem Zucker schaumig, mischt das Gelbe der Eier und dann den steifen Schnee darunter. Das Mehl vermischt man mit 4 Teelöffeln voll Backpulver und hält die Hälfte zum Bestäuben der Früchte zurück. Hat man alles gut miteinander verarbeitet, verteilt man die Masse, da dieselbe für 2 Kuchen ausreicht, in 2 Formen. Man lässt die Kuchen 1 1/2 – 2 Stunden backen, sie halten sich, in einem Porzellangefäß aufbewahrt, monatelang frisch.

Amerikanischer Sponge-Kuchen

6 Eier, 250 Gramm Zucker, 200 Gramm Mehl.

Eidotter mit Zucker rührt man tüchtig, gibt nach und nach das Mehl hinein, mischt zuletzt den steifen Eierschnee durch die Masse, bäckt hiervon in der Tortenpfanne 2 Kuchen, belegt den ersten mit frischen gezuckerten Erdbeeren und deckt den anderen darüber.

Amerikanischer Tassenkuchen

4 Tassen heller Kochzucker, 5 Tassen Mehl, 1 Tasse zerlassene Butter, 1 Tasse saure Milch, 5 Eier; das zu Schnee geschlagene Eiweiß kommt zuletzt mit dem Hirschhornsalz in den Teig, 15 Gramm Zitronat, 15 Gramm Pomeranzenschale, 5 Gramm Zimt, 3 Gramm pulverisiertes Hirschhornsalz. Nachdem alles ordentlich verrührt ist, wird der Kuchen bei ordentlicher Hitze 3/4 – 1 Stunde gebacken.

Aniskuchen

12 Eier, ferner schwer gestoßener Zucker, 6 Eier schwer feines Mehl und 30 Gramm ausgesuchte Anissamen. Zucker und Mehl siebt man durch, rührt zunächst die Eidotter mit dem Zucker beständig eine gute Weile, gibt das Mehl und die Anissamen löffelweise hinein und rührt den mit etwas Zucker ganz steif geschlagenen Eierschnee leicht darunter, tut die Masse sofort in die mit Butter und Zwieback vorbereitete Form und lässt den Kuchen 1 knappe Stunde bei mäßiger Hitze backen. Hat der Ofen von oben mehr Hitze wie von unten, so deckt man den Kuchen die erste Viertelstunde mit einem Deckel zu.

Die Hälfte der angegebenen Portion gibt in einer kleineren Springform schon einen ansehnlichen Kuchen.

Anisküchlein

Man schlägt das Weiße von 2 Eiern zu Schnee, verrührt 50 Gramm Butter zu Sahne, siebt 60 Gramm Zucker durch ein Haarsieb, tut ein wenig ausgesuchte Anissamen darunter, rührt alles eine gute Weile; dann streicht man diese Masse auf runde talergroße Oblaten und bäckt sie flott in heißem Ofen hellgelb.

Apfelkuchen

125 Gramm Butter zu Schaum gerührt, 125 Gramm gesiebter Zucker, 3 Eigelb, die abgeriebene Schale 1 Zitrone, 125 Gramm feines Mehl, fügt den steifen Schaum der 3 Eier hinzu, tut zuletzt 1 Messerspitze Ammonium hinein, worauf der Teig in die gut geschmierte und bestreute Springform geschüttet, glatt gestrichen und mit dünn geschnitzelten Apfelscheiben, hoch und dicht aneinandergelegt, bedeckt wird. Hierüber streut man reichlich Korinthen, kleingeschnittene, geschälte Mandeln und Zitronat. Will man statt der Äpfel Kirschen verwenden, was ebenfalls sehr gut schmeckt, so rechnet man auf

diese Portion 1 Kilo ausgesteinte Morellen oder saure Glaskirschen. Mit süßen Kirschen schmeckt der Kuchen weniger gut; übrigens gibt es auch Leute, die sie den sauren vorziehen.

Äpfelküchlein

45 Gramm Butter löst man in 1/2 Glas Weißwein auf dem Feuer auf, rührt vorsichtig 125 Gramm Mehl mit 1 Ei hinein und so viel Wein, dass der Teig etwas dicker wie Pfannkuchenteig wird, mischt 1 Messerspitze Hirschhornsalz darunter, taucht schöne Apfelscheiben, gut geschält und vom Kerngehäuse befreit, hinein und bäckt sie in Schmalzbutter schön gelb. Nachher bestreut man sie mit Zimt und Zucker und gibt sie warm zur Tafel. Hirschhornsalz gehört nicht unbedingt dazu, bewirkt nur höheres Aufgehen.

Aprikosentorte

250 Gramm Butter, 125 Gramm gestoßener Zucker, 250 Gramm Mehl und 1 Ei. Hiervon knetet man einen Teig, belegt das Tortenblech damit, drückt mit den Fingern einen Zackenrand aus, schneidet die Aprikosen auf, nimmt die Steine heraus und legt, am Rande anfangend, die offene Seite nach oben, eine dicht neben die andere kreisförmig nach der Mitte hin.

Man lässt den Kuchen 1 1/4 Stunde in heißem Ofen backen und bestreut ihn sofort mit gesiebtem Zucker. Dieser Teig eignet sich besonders zu Torten, die man im Winter mit eingemachten Früchten belegt.

Arme-Fräulein-Kuchen

375 Gramm Zucker, 3 ganze Eier, 1/2 Stange gestoßene Vanille, etwas Zitronenschale; dies wird 1/2 Stunde gerührt. Dann setzt man auf eine mit Butter bestrichene Platte kleine Teekuchen und bäckt sie langsam hellgelb. Diese Portion gibt 30 – 40 Stück.

Biskuitauflauf

70 Gramm Butter, 1 Obertasse Zucker, 4 ganze Eier, 2 Tassen Mehl, 1 Obertasse Milch, 1 Teelöffel Natron und 1 1/2 Teelöffel Cremor tartari, dies alles verrührt man gut untereinander, gibt die Masse in die mit Butter ausgestrichene Form und lässt den Auflauf 1 Stunde backen. Frisches, gekochtes Obst oder eine Fruchtsauce gehört dazu.

Biskuitstern

375 Gramm feiner gesiebter Zucker, 15 Eigelb; dieses wird so lange gerührt, bis es ganz weiß ist, dann schlägt man das Weiße zu Schnee und fügt es mit 375 Gramm feinem Mehl hinzu. Die Hälfte des Schnees wird erst zuletzt locker durchgerührt. Als Gewürz die Schale 1 auf Zucker abgeriebenen Zitrone. Die Masse bäckt in einer Rodon-, Kranz- oder Sternform besonders schön aus und ist viel ansehnlicher. 1 Stunde Backzeit.

Bismarck-Stamm

Biskuitmasse = 5 Eier, 75 Gramm Mehl, 75 Gramm Zucker, 35 Gramm heiße Butter; hiervon macht man einen Teig, rührt zuletzt den steifen Eierschnee darunter und streicht die Masse auf ein butterbestrichenes eckiges Blech und bäckt sie. 150 Gramm Schokolade, 200 Gramm Butter, 200 Gramm Zucker, 2 Eigelb. Die Schokolade lässt man auf dem Herd langsam zergehen, rührt die Butter schaumig, vermischt alles miteinander.

Ist der Kuchen gebacken und noch warm, streicht man von der Schokoladenmasse darüber, wickelt den Biskuit auf, bestreicht ihn, und spritzt mit der Masse Verzierungen auf den Stamm, der sehr elegant aussieht, wenn es hübsch gemacht wird.

Blätterteigtorte

Man wirkt einen recht festen Teig aus 1 Pfund Mehl, 2 Eiern, 1 Gläschen weißem Wein und einem Weinglas süßem Rahm und lässt ihn einige Stunden oder über Nacht stehen. Alsdann wellt[1] man ihn ein wenig aus, drückt 250 Gramm ausgewaschene und abgetrocknete frische Butter darauf, schlägt den Teig von 4 Seiten darüber und wellt ihn wieder vorsichtig aus. Man schlägt nun stets den Teig wieder zusammen, ohne ihn zu kneten und wellt aus, bis die Butter ganz in den Teig verarbeitet ist. Man nimmt als Unterlage statt des Backbrettes eine Marmorplatte. Je nach der Verwendung fügt man etwas Salz oder Zucker zu. Mit dem zuletzt dünn ausgewellten Teig belegt man das Tortenblech, nachdem es zuvor mit Wasser bestrichen ist, legt beliebiges Obst darauf und bäckt die Torte flott in heißem Ofen.

Blitzkuchen Nr. 1

620 Gramm Butter, ebenso viel Zucker und Mehl und 6 Eier. Nachdem die Butter geschmolzen (den Bodensatz lässt man zurück) und dick gerührt ist, gibt man nach und nach unter beständigem Rühren die ganzen Eier, sowie den Zucker und das Mehl hinein und etwas abgeriebene Zitronenschale, schüttet die Masse in eine gut hergerichtete Form und bestreut den Kuchen mit länglich geschnittenen Mandeln, Zucker und Zimt. Backzeit 1 Stunde bei mäßiger Hitze.

Blitzkuchen Nr. 2

280 Gramm Butter, ebenso viel Zucker, 3 ganze Eier und 2 Eigelb, etwas Zitronensaft und die abgeriebene Schale 1 Zitrone rührt man recht lange in derselben Richtung, fügt nach und nach 375 Gramm Kartoffelmehl hinzu und bäckt den Kuchen in einer mit Butter und Wecken bestreuten Form bei mäßiger Hitze 1 Stunde.

---

1   Anm. des Verlags: auswellen, Synonym für ausrollen.

Blitzkuchen Nr. 3

125 Gramm ungesalzene Butter, 125 Gramm Zucker, 3 Eier, 250 Gramm Mehl; dies wird wohl verrührt; die Pfanne wird mit Butter bestrichen, die Masse hineingetan. In 5 Minuten ist der Kuchen gebacken; heiß wird er in eckige Stückchen geschnitten.

Böhmisches Brot

5 Eier, ebenso schwer Zucker und Mehl. Die ganzen Eier werden geklopft, Zucker und Mehl hinzugetan, 1 Messerspitze Natron rührt man vorher unter das Mehl. Dann zerschlägt man etwa 125 Gramm süße Schokolade in recht kleine Stückchen, schneidet 1 Handvoll ungeschälte süße Mandeln und etwas Orangenschale in schmale Streifen, rührt dies alles unter den Teig und gibt 2 Messerspitzen Cremor tartari, durch ein Sieb geschüttet, hinein und vermischt es gut mit der Masse. Diese lässt man in der mit Butter und Zwieback hergerichteten Brotform 1 Stunde backen.

Bopparder Kuchen

125 Gramm Butter, 250 Gramm Zucker, 4 Eier, das Weiße zu Schnee, 250 Gramm gut ausgesuchte Korinthen, Schale 1 Zitrone, etwas Vanille, 1/4 Liter Milch, 500 Gramm Mehl, 5 Gramm doppelkohlensaures Natron, 10 Gramm Cremor tartari.

Nachdem die Butter mit den Eiern und dem Zucker tüchtig verrührt ist, fügt man das durchgesiebte Mehl mit der Milch langsam hinzu. Wenn die Korinthen saubergewaschen sind, legt man sie in den Backofen zum Trocknen. Sie müssen weich bleiben, dürfen aber nicht mehr nass sein. Freundinnen, die diese Vorsicht nicht gebrauchten, hatten jedes Mal die Unannehmlichkeit, dass nach dem Backen die Korinthen unten im Kuchen lagen und nicht durch und durch verteilt waren. Der Kuchen muss 1 volle Stunde bei tüchtiger Hitze backen.

Man achte darauf, dass Natron und Cremor tartari ordentlich verrührt werden. Der Kuchen darf vor dem Backen nicht stehen.

Brottorte (vorzüglich)

750 Gramm gestoßener Zucker, 250 Gramm geriebenes Schwarzbrot, 500 Gramm mit der braunen Schale geriebene Mandeln, die abgeriebene Schale von 2 Zitronen und 22 Eier.

Zuerst rührt man die Eidotter, Zucker, Mandeln und Gewürz 1/2 Stunde, gibt nach und nach das Schwarzbrot hinein und mischt zuletzt den steifen Eierschnee leicht durch. Die Masse wird in einer gut mit Butter bestrichenen und mit Brot bestreuten Springform 1 – 1 1/2 Stunden bei mäßiger Hitze gebacken.

Chaudée mit Äpfeln

Man kocht 6 große, geschälte, in Scheiben geschnittene, saure Äpfel mit 1 Handvoll Korinthen, Zucker und Zitronenschale mit ganz wenig Wasser, nicht zu dünn, und füllt sie in eine Auflaufform.

60 Gramm Butter, 100 Gramm Zucker, 2 Eier, das weiße zu Schnee geschlagen, 200 Gramm Mehl, 1/2 Backpulver und 1/8 Liter Milch. Dies verrührt man tüchtig, schüttet es über die Äpfel in der Form und lässt den Auflauf in heißem Ofen 1 Stunde backen.

Cremor tartari

6 Eier, 1 Tasse Milch, 1 Tasse geklärte Butter, 1 1/2 Tasse Zucker, 5 Tassen Mehl, 5 Tropfen Zitronenöl, 10 Gramm Natron und 25 Gramm Cremor tartari. Man rührt die Butter schaumig, fügt unter stetem Rühren Eier, Zucker, Natron und Mehl, sowie Zitronenöl hinzu, erwärmt die Milch, mischt alles gut untereinander und rührt, dass der Teig Blasen wirft; zuletzt gibt man das Cremor tartari darunter; ist es nicht ganz fein, tut man es am besten in ein Haarsieb und schüttelt es durch, damit

keine Knötchen in den Teig kommen; es muss gut durchgemischt werden. Dann gibt man den Kuchenteig in eine mit Butter ausgestrichene
Form und lässt den Kuchen 1 1/4 Stunde bei tüchtiger Hitze backen.

Datteltorte

8 Eier, 200 Gramm gestoßenen Zucker, 250 Gramm mit der Schale
geriebene Mandeln, 500 Gramm in kleine Stückchen geschnittene
Datteln, die Eigelb rührt man mit diesen Zutaten 1/2 Stunde, gibt
dann je nach der Größe 4 – 6 geriebene Zwieback, Vanillin und 1 Teelöffel Backpulver hinzu, rührt zuletzt den Eierschnee unter die Masse
und bäckt die Torte in gut vorbereiteter Form 3/4 Stunde, wenn der
Ofen sehr heiß ist, sonst etwas länger.

Deutsche Reichskuchen

375 Gramm Butter, 500 Gramm Zucker, 500 Gramm Mehl, 3 kleine
Eier, etwas Salz und Vanillin. Die Butter rührt man schaumig, rührt
die übrigen Zutaten vor und nach hinein, dann rollt man den Teig aus,
sticht feine runde Kuchen daraus und bäckt sie goldgelb. Hierauf teilt
man die Kuchen in 3 Teile, bestreicht das erste Drittel mit weißem
Guss, das zweite mit rosa und das letzte mit Schokoladenguss.

Ehestandskuchen (ein 150 Jahre altes Rezept)

Verrühr' 10 Eidotter in einem Raum,
Bewahr' das Weiße der Eier zum Schaum,

250 Gramm Zucker dazu musst du rühren,
Das Süße vom Ehestand, das soll man doch spüren.

120 Gramm Mandeln, die Hälfte noch bittere dazu,
Drum heißt es Ehestandskuchen, die stoße fein in Ruh'.

Zitronensaft und Schale rühr' in die Masse ein,
Ganz ohne Säure selten wird wohl der Ehestand sein.

200 Gramm vom Mehle rühr' ein mit leichter Hand,
Es braucht solide Grundlag' ein jeder Ehestand.

Am Schluss darunter mische den leichten Eierschaum,
Zur festen Lebensmasse gehört ein wenig Traum.

Und ist er schön gebacken, so wird der Kuchen munden,
Gib Acht, es hat das Süße das Bittre überwunden.

Leg' auf ein rotes Röslein mit einem Myrtenzweig
Und dann den lieben Gästen die Ehestandstorte reich'!

Eierschwer

Diesen Kuchen kann man beliebig groß oder klein machen. So schwer wie die Eier, die man nehmen will, wiegen, nimmt man Butter, Mehl und Zucker. Erst rührt man die Butter zu Sahne, dann tut man Zucker, Eidotter, Mehl und den Eierschnee hinzu. Nun kann man nach Belieben Korinthen oder ausgesteinte Pflaumen hineinrühren. Zuerst füllt man die Hälfte der Masse in die Form, legt geschnittene Äpfel oder Pflaumen darauf und dann den Rest des Teiges. Dies ist ein altes Rezept aus dem Westerwald. Der Kuchen muss bei tüchtiger Hitze 1 Stunde backen.

Englischer *Pound cake*

500 Gramm Zucker, 250 Gramm Butter, 4 Tassen Mehl, 1 Tasse Milch, 6 Eier, etwas Salz, 2 Teelöffel Vanilleessenz, 1 Teelöffel gereinigtes Soda tut man in die Milch, 2 Teelöffel Cremor tartari ins Mehl.
    Man lässt den Kuchen 1 Stunde backen. Nach dem Backen, wenn der Kuchen einen Tag gestanden hat, kann man ihn, wie es in England

viel geschieht, mit Marmelade füllen; zu diesem Zweck schneidet man ihn durch, bestreicht den Kuchen mit Frucht, legt den abgeschnittenen Deckel wieder darauf und überzieht den Kuchen mit einem weißen Guss. Beim Gebrauch legt man zur Verzierung eine Rose oder ein Geranium in die Mitte.

Englischer Rosinenkuchen

7 Eigelb werden mit 200 Gramm Zucker verrührt, dann gibt man langsam 250 Gramm Kartoffelmehl hinzu, lässt 200 Gramm Butter zergehen, fügt sie mit 125 Gramm Sultanrosinen, der abgeriebenen Schale 1 Zitrone und dem steifen Eierschnee hinzu. Ratsam ist es, die Rosinen am Tage vorher zu waschen, damit sie trocken sind. Der Kuchen muss langsam 1 Stunde backen.

Erdbeertorte

375 Gramm gestoßener Zucker, 500 Gramm Erdbeeren, 100 Gramm abgezogene gemahlene Mandeln, 10 Eier.

10 Eigelb verrührt man mit dem Zucker, gibt die Erdbeeren, Saft und Schale 1 Zitrone und zuletzt den steifen Eierschnee dazu und bäckt die Masse in einer mit Butter ausgestrichenen, mit Mehl bestreuten Springform.

Felder-Torte

Will man eine schöne, wohlschmeckende Torte herstellen, so belegt man zuerst das Tortenblech nicht zu dünn mit dem ausgerollten Teig wie bei „Aprikosentorte". Von dem Rest des Teiges macht man eine Rolle 2-fingerhoch als Rand und schneidet Streifen 1/2-fingerdick, legt sie über den Kuchen, dass derselbe dadurch in Felder eingeteilt wird. Man drückt die Streifen vorsichtig an den Teig an, dass die Felder wie durch eine dünne Rolle voneinander getrennt sind. Dann bäckt man den Kuchen in heißem Ofen schön gelb und belegt ihn, wenn er kalt geworden ist, mit Eingemachtem; Aprikosen, Erdbeeren, saure Kirschen und unreif eingemachte Stachelbeeren eignen sich vorzüglich zum Belegen. Man achte darauf, dass immer ein Feld abwechselnd mit heller und dunkler Farbe belegt wird. Man bestreue den Kuchen nicht mit Zucker, die Früchte sind vollkommen süß genug, und das schöne Ansehen würde durch das Bestreuen mit Zucker leiden.

Friesland-Kuchen

250 Gramm Butter, ebenso viel durchgesiebter Zucker und Mehl, 5 Eier und die abgeriebene Schale 1/2 Zitrone, etwas Vanille nach Geschmack.

Die Butter wird zu Sahne gerührt; hat man keine frische ungesalzene Butter, muss dieselbe vorher heiß gemacht und abgeschäumt[2] werden. Butter, Eidotter und Zucker rührt man 1/4 Stunde, gibt nach und nach das Mehl darunter mit dem Gewürz, und zuletzt mischt man den steifen Eierschnee durch, gibt die Masse in die gut zugerichtete Form und bäckt den Kuchen 1 Stunde in ziemlich heißem Ofen.

Fürsten-Kuchen

500 Gramm Mehl, 375 Gramm Butter, 250 Gramm Zucker, 1 Esslöffel voll Wasser, dies verarbeitet man tüchtig, wellt den Teig aus, belegt die Tortenpfanne damit und streut 125 Gramm mit der Schale geschnittene Mandeln, die abgeriebene Schale 1 Zitrone, Zimt und Zucker darüber. Der Kuchen muss in heißem Ofen flott backen.

Geburtstagstorte (für Kinder)

6 Eier schwer Zucker, 4 Eier schwer Mehl, 2 Eier schwer Butter, 6 Eier. 3 ganze Eier verrührt man tüchtig mit der abgeklärten Butter, Zucker und

---

2   Anm. des Verlags: abschäumen bedeutet, den unreinen Schaum von etwas zu entfernen.

Mehl, sowie den übrigen Dottern. Nach Belieben gibt man etwas Zitronenschale oder Vanille hinzu. Zuletzt mischt man den steifen Schnee von 3 Eiern leicht unter die Masse und bäckt diese in Butter bestrichener, mit Mehl ausgestäubter Form. Nach dem Backen überzieht man die Torte mit einer weißen Glasur, streut mit buntem Streuzucker ringsum einen 3-fingerbreiten Rand und verziert die Mitte mit Früchten. Zur Osterzeit stellt man einen Schokoladenhasen in die Mitte und klebt lauter Schokoladeneierchen ringsum an den Rand der Torte.

Gekochter Rodon

500 Gramm Mehl, 2 Eier, 1 Tasse halb Butter, halb Schmalz, 3/4 Tasse Zucker, 1 Tasse Rosinen, etwas Zitrone und Salz, Milch nicht ganz 1/2 Liter, für 5 Pfg. Hefe.

Nachdem man eine gut schließende Puddingform mit Butter und Zwieback vorgerichtet, lässt man den Teig darin gehen. Ist die Form gut 3/4 gefüllt, stellt man die geschlossene Form in einen Kessel mit kochendem Wasser und beschwert sie mit einem eisernen Bügelstahl. Man muss darauf achten, dass das Wasser ununterbrochen im Kochen bleibt. Beobachtet man diese Vorsicht und gibt Acht, dass nicht während des Kochens an die Form gestoßen wird (zu diesem Zweck legt man am besten von unten frische Kohlen auf), so gerät der Rodon immer. Sollte der Kuchen von unten zu hell sein, bestreicht man ihn mit etwas Zuckerwasser und stellt ihn einen Augenblick in den heißen Backofen.

Gelbe Rübentorte

8 Eier, 375 Gramm Zucker, 400 Gramm gelbe Rüben, 400 Gramm geschälte geriebene Mandeln, darunter einige bittere, Schale und Saft 1/2 Zitrone, 1 Messerspitze Zimt, 2 Esslöffel Kartoffelmehl, 2 Esslöffel Arrak.

Die gelben Rüben werden abgekocht, dann geschält und gerieben, es muss 300 Gramm Rübenbrei sein. Eigelb, Zucker, Rüben und

Gewürze rührt man 1/4 Stunde, gibt dann den steifen Eierschnee hinzu und bäckt die Torte in vorgerichteter Form 1 Stunde. Ist die Torte erkaltet, überzieht man sie mit einem Guss von 150 Gramm Zucker, den man mit Arrak und Zitronensaft anfeuchtet, bis der Guss dickflüssig ist und verziert sie mit Früchten nach Geschmack.

Gewürzkuchen

250 Gramm gestoßener Zucker, 250 Gramm geschälte, gestoßene Mandeln, 125 Gramm feingeschnittene Sukkade, 15 Gramm gestoßener Zimt, 5 Gramm gestoßene Nägelchen, die abgeriebene Schale 1 Zitrone, 100 Gramm gemahlenes, durchgesiebtes Weißbrot und 12 Eier. Die Eidotter werden mit dem Zucker, Gewürzen, Mandeln und Weißbrot gut verrührt, zuletzt wird der steife Eierschnee leicht durchgemischt und die Masse in einer Springform 1 Stunde bei guter Hitze gebacken. In einem Porzellangefäß hält sich der Kuchen, zugedeckt, lange frisch.

Haidemehl-Kuchen (vorzüglich)

250 Gramm frische Butter rührt man schaumig, gibt nach und nach 250 Gramm gestoßenen Zucker, 6 Eidotter, 250 Gramm mit der braunen Schale gemahlene Mandeln und 250 Gramm helles Haide- oder Buchweizenmehl, wie es in manchen Gegenden heißt, hinzu (doch darf es nicht das dunkle, schwere Mehl sein), sowie etwas Zitronensaft und Vanille. Hat man dies alles gut verrührt, mischt man den steifen Schnee von 6 Eiern darunter, gibt die Masse in eine hergerichtete Springform und lässt den Kuchen bei guter Hitze 3/4 – 1 Stunde backen.

Himbeerkuchen

Man belegt das Tortenblech mit einem Butterteig, streut gemahlenen, mit Zucker vermischten Zwieback darüber, füllt 1 Kilo saubere

Himbeeren darauf und bestreut die Himbeeren dick mit Zucker. 100 Gramm abgezogene, gemahlene Mandeln vermengt man mit Zucker, Zimt und der abgeriebenen Schale 1 Zitrone; dies verteilt man gleichmäßig auf dem Kuchen und lässt ihn bei guter Unterhitze flott backen. Man rechnet 375 Gramm Zucker und 10 Zwieback zu diesem Kuchen. Zum Unterstreuen kann man nach Belieben auch geriebenes Schwarzbrot nehmen, dann zieht man die Mandeln aber nicht ab. Statt Himbeeren kann man auch Weintrauben nehmen.

Indianer Fische (vorzüglich)

375 Gramm Zucker, 375 Gramm geriebene gute Vanilleschokolade, 375 Gramm geschälte, gemahlene Mandeln, 25 Gramm kleingeschnittenes Zitronat, eine kleine Tasse Wasser.

Wasser und Zucker kocht man, gibt die übrigen Zutaten in die Flüssigkeit, vermischt alles gut, schüttet die Masse in eine mit Mandelöl ausgepinselte mit Zucker bestreute Fischform, stürzt den Fisch am folgenden Tage, serviert ihn in dünne Scheibchen geschnitten, oder formt Fischchen in käuflichen Blechformen.

Jägertorte

6 Eier, 250 Gramm abgezogene, gemahlene Mandeln, 250 Gramm gestoßener Zucker, 1 Teelöffel voll Zimt. Die Eigelb mit dem Zucker rührt man 1/2 Stunde, tut dann die Mandeln, Zimt und zuletzt den steifen Eierschnee hinzu und bäckt die Torte 1 knappe Stunde. Nach dem Backen verziert man die Torte mit einer weißen Glasur und legt in die Mitte einen Zweig von Eichenlaub, den man auf folgende Weise herstellt. Man ritzt mit einer Stricknadel ganz dünn die Konturen der Blätter auf dem Guss, solange er noch feucht ist, und streut diese mit kleingeschnittenen abgezogenen Pistazien aus. Die Äste und die Blätter verbindenden Stiele macht man dünn von Schokoladenspritzglasur. 100 Gramm Pistazien rechnet man zum Verzieren der Torte.

Kaffeekuchen

750 Gramm Mehl, 185 Gramm Butter, 200 Gramm Zucker, 6 ganze Eier, das Weiße zu Schnee geschlagen, 1 Tasse gut ausgelesen Sultanrosinen, die Schale 1/2 Zitrone, 1 Teelöffel Salz und für 8 Pfg. trockene Hefe.

Die Butter wird zu Sahne gerührt, dann der Zucker mit den Eidottern sowie das durchgesiebte Mehl langsam hinzugerührt. Zuletzt kommt der Eierschnee, sowie die mit etwas Milch aufgelöste Hefe hinzu. Man verarbeite den Teig gehörig, rühre immer nach derselben Seite, was die Hauptsache zum Gelingen jeglichen Backwerks ist, dann lasse man den Teig in der mit Butter ausgestrichenen und mit Zwieback ausgestreuten Form langsam gehen, bestreue den Kuchen mit kleinen Butter- und Zuckerstückchen sowie Zimt und lasse ihn bei tüchtiger Mittelhitze 1 Stunde backen.

Käsetorte (sehr gut)

3 Pfund Siebkäse (Quark), 125 Gramm Butter, 5 Eier, 250 Gramm Zucker, etwas Vanille und 1 Esslöffel Mehl.

Die Butter reibt man schaumig, rührt den fest ausgedrückten Käse, 5 Eigelb, Zucker, Mehl und Vanille darunter und mischt zuletzt den Eierschnee unter die Masse. Von 125 Gramm Butter, 200 Gramm Mehl, Zucker und etwas Wasser macht man einen Butterteig, belegt das Tortenblech damit, bäckt den Boden etwas an, damit man sehen kann, ob er gar wird. Dann schüttet man die Käsemasse darauf und bäckt den Kuchen, bis er oben schön braun ist.

Kirschenmichel

Man weicht 6 3-Pfennig-Brötchen in Wasser ein, zerrührt sie ganz fein, schlägt 5 Eidotter hinein, gibt 1 Walnuss dick Butter, 3 Esslöffel Stampfzucker, 1 Handvoll abgezogene gemahlene Mandeln und ein wenig abgeriebene Zitronenschale dazu, mischt den steifen Eierschnee und die gewaschenen und gut abgetrockneten Kirschen darunter. Man rechnet auf die Portion 3 Pfund.

Allgemeine Sitte ist es, die Steine darinzulassen, angenehmer beim Essen ist es aber, wenn sie ausgesteint werden. Man nimmt die süßen schwarzen Kirschen; da die Steine dem Kuchen einen Geschmack von bitteren Mandeln geben, nimmt man 8 Stück bittere unter die anderen Mandeln, wenn man die Steine aus den Kirschen entfernen will, andernfalls lässt man die bitteren Mandeln fort. Man lässt den Kuchen in der gut mit Butter ausgestrichenen und mit Zwieback bestreuten Form 1 – 1 1/2 Stunden backen und gibt ihn noch etwas warm mit Zucker und Zimt versehen zur Tafel.

Kleine Reiskuchen

Man kocht Reis mit Milch, Zucker, etwas Zimt oder Vanille ganz steif, breitet ihn zum Erkalten auf einem Blech aus, sticht mit einem in Mehl getauchten Weinglas kleine Kuchen aus, paniert sie und bäckt sie entweder in Schmalz oder in der Kuchenpfanne in Butter schön braun und bestreut sie mit Zucker und Zimt. Man gibt gekochtes Obst oder eine Fruchtsauce dazu.

Knappkuchen in Stückchen

150 Gramm Butter, 200 Gramm gestoßener Zucker, 200 Gramm Mehl, 1 Ei; dies macht man zu einem Teig, streicht ihn messerrückendick auf ein wachsbestrichenes Backblech und schneidet den Kuchen, wenn er gebacken ist, schnell, solange er noch heiß ist, in gleichmäßige Stückchen.

Knappkuchen mit Schnee

Man rühre 125 Gramm Butter zu Sahne; das Gelbe von 3 Eiern, etwas Zitronenschale, Muskat, Zimt, 125 Gramm Zucker, 150 Gramm Mehl und den Schnee von 1 Ei gibt man nach und nach darunter; dann bestreicht man das Backblech mit Wachs und verteilt den Teig gleichmäßig darauf, bestreicht den Kuchen mit dem Schnee der 2 Eier, bestreut ihn mit länglich geschnittenen Mandeln und tüchtig mit Hagelzucker oder, in Ermangelung von solchem, mit feinem Zucker.[3]

Kuchen zu Creme oder Obst

9 Eier, so schwer als diese wiegen, Zucker, 6 Eier schwer feines Pudermehl, Saft und Schale 1 Zitrone.

Eigelb und Zucker rührt man 1/2 Stunde, schlägt das Weiße der 6 Eier zu festem Schaum, mischt es darunter, stellt dann diese Masse auf einen Topf mit kochendem Wasser und rührt so lange, bis sie lauwarm ist. Dann nimmt man den Teig herunter und rührt fort, bis er wieder kalt geworden ist und gibt dann erst das Mehl darunter. Ist dies gut verrührt, bäckt man den Kuchen gleich in einem ziemlich heißen Ofen. Backzeit 3/4 – 1 Stunde.

Kuchen zum Wein

280 Gramm Butter, ebenso viel Zucker, Mandeln und Mehl, 4 Eier, Schale und Saft 1 Zitrone und etwas geriebene Muskatnuss. Die Butter wird zu Sahne gerührt, nach und nach das Übrige hinzugetan, zuletzt das durchgesiebte Mehl. Die Masse kommt dann in eine mit Butter und Zwieback hergerichtete Springform und ein Teil der zurückge-

---

3   Anm. des Verlags: Es wird davon ausgegangen, dass der Kuchen an dieser Stelle auch noch im Backofen gebacken werden soll.

lassenen Mandeln wird, mit Zucker vermischt, darübergestreut. Der Kuchen muss ziemlich viel Hitze haben und 1 – 1 1/4 Stunde backen.

Letterkuchen

750 Gramm Mehl, 500 Gramm Butter, 180 Gramm gestoßener Zucker, 2 Eier, 15 Gramm Kardamom, 15 Gramm Zimt. Dies alles verrührt man gut untereinander und bäckt auf wachsbestrichenem Blech kleine ausgestochene Kuchen von der Masse.

Linzer Torte

160 Gramm frische Butter wird zu Schaum gerührt, 250 Gramm abgezogene, fein gestoßene Mandeln, 250 Gramm gesiebter Zucker, die abgeriebene Schale 1 Zitrone, 2 ganze Eier, dies wird tüchtig gerührt, dann nimmt man so viel Mehl, bis der Teig zum Ausrollen hinreichend fest genug ist, formt einen Kuchen mit Rand, den man in der Springform bei scharfer Hitze schön gelb backen lässt und belegt ihn, wenn er erkaltet ist, mit eingemachten Johannistrauben oder Dreifruchtmarmelade.

Luisen-Torte

200 Gramm Butter wird schaumig gerührt, 3 kleine ganze Eier hineingeschlagen, 200 Gramm gestoßener Zucker, 60 Gramm abgezogene gestoßene Mandeln, 200 Gramm Mehl, etwas Zimt und Zitronenschale unter den Teig gerührt und in eine bestrichene Springform gefüllt; man lässt den Kuchen bei gelinder Hitze backen.

Makronenberg

250 Gramm beste Mandeln, 250 Gramm Haselnusskerne, 5 Eiweiß von großen Eiern, 500 Gramm Zucker, die abgeriebene Schale 1 Zitrone.

Man reibt die Mandeln und Nusskerne mit einem reinen Tuche ab und mahlt sie mit der braunen Schale. Das Eiweiß schlägt man zu festem Schnee, rührt Zucker, Zitrone, sowie Mandeln und Nüsse gut untereinander. Nun teilt man die Masse in 10 verschieden große Teile ein.

Von Papier schneidet man 1 Kreis nach einem großen flachen Teller, teilt mit dem Bleistift denselben gleich in 10 Ringe ein und zeichnet auf das schon dünn mit ungesalzener Butter bestrichene Blech mittels weißer Kreide einen Kreis nach diesem runden Papier, welches man wieder vom Blech entfernt.

Dann formt man den ersten großen, 2 Zentimeter breiten Ring auf dem Blech nach. Man streicht einmal mit der Gabel in der Mitte rundum, damit die Masse verziert aussieht und bäckt den Ring. Inzwischen schneidet man 1/2 Zentimeter von dem runden Papier weg, legt die Runde auf ein zweites Blech, um den Umfang des nächsten Ringes zu zeichnen. Damit das Backen nicht zu zeitraubend wird, schneidet man am besten die kleineren Ringe heraus, um sie mit den größeren auf einmal zu backen und fährt so fort, bis oben den Schluss ein kleiner Knopf bildet und gibt gut Acht, dass die Ringe alle gleichmäßig dunkelgelb, aber ja nicht braun gebacken werden. Nachdem alle kalt geworden, legt man sie bergartig aufeinander. Will man öfters Makronenberg backen, lässt man sich am besten vom Klempner verschiedengroße Ringe schneiden, wodurch das Backen erleichtert wird.

Makronenkuchen

1 Pfund süße und 30 Gramm bittere Mandeln werden, ohne braune Schale, fein gestoßen, mit 1 Pfund Zucker Saft und Schale 1 Zitrone verrührt und zuletzt der steife Schnee von 7 Eiweiß durchgemischt. Dann streicht man die Springform tüchtig mit Butter aus, stößt 6 Zwiebäcke, siebt sie durch, bestreut die Form damit, gibt die Masse

hinein, streicht sie glatt und bäckt sie bei schwacher Hitze hellgelb, dass der Kuchen innen weich bleibt. Nach dem Erkalten verziert man ihn mit Konfitüren so, dass man den Kuchen in Felder einteilt und beim Zerlegen die Früchte nicht zu durchschneiden braucht, in die Mitte legt man einen kleinen Kranz von Früchten mit Blättern aus Zitronat.

Mandelkuchen

250 Gramm Butter zu Sahne gerührt, 250 Gramm Zucker, 5 Eier, das Weiße zu Schnee, 125 Gramm halb bittere, halb süße Mandeln fein gemahlen, nachdem die braune Schale entfernt, die Schale 1 Zitrone, 750 Gramm Mehl, 8 Gramm doppelkohlensaures Natron, 16 Gramm Cremor tartari und 1/4 Liter Milch.

Bei diesem Kuchen ist es eine Hauptsache, dass man früh anfängt, das Aufgehpulver unter die Masse zu rühren. Der Kuchen muss bei guter Hitze 1 Stunde backen.

Mandelschnitten

375 Gramm Zucker, 375 Gramm geschälte, geschnittene Mandeln, 250 Gramm Sultanrosinen, 375 Gramm Mehl, 100 Gramm Butter, etwas Zimt und Zitronenschale und 8 Eier.

Alles dies verrührt man tüchtig, mischt zuletzt den Eierschnee darunter und bäckt die Masse bei guter Hitze in einer Brotform. Man serviert den Kuchen in Schnitten geteilt. Die Hälfte der Masse genügt für eine kleine Brotform.

Mandeltorte

250 Gramm geschälte, gestoßene Mandeln, 200 Gramm gesiebter Zucker; dann schlägt man 8 Eier, eines nach dem andern, hinein und rührt die Masse 1 volle Stunde; danach bestreicht man die Form mit

Butter, gibt den Teig hinein und bäckt den Kuchen bei gelinder Hitze 3/4 Stunde.

Mandeltorte mit Grieß

7 Eier, 1 Zitrone, 50 Gramm Mandeln, halb süße, halb bittere, 7 Eier schwer Zucker, 4 Eier schwer Grießmehl, 125 Gramm Butter; den gestoßenen Zucker nebst abgeriebener Zitronenschale und -saft rührt man mit dem Eigelb 5 Minuten ungefähr, gibt dann langsam das mit den geriebenen Mandeln vermischte Grießmehl hinzu und rührt zuletzt den steifen Eierschnee darunter. In der mit Butter und Zwieback hergerichteten Form lässt man den Kuchen 1 Stunde backen.

Marmorierter Kuchen

Man nimmt dieselbe Masse, wie bei „Natronkuchen", statt Zitronenschale etwas Vanille, gibt in die Form 1/3 Teig, bestreut ihn mit geriebener süßer Schokolade, füllt mit Teig nach, streut noch zweimal Schokolade, die oberste Lage muss Teig sein, dann macht man Kreuz- und Querschnitte hinein und lässt den Kuchen 1 gute Stunde backen. Zum Guss nimmt man 2 Tafeln rote Gelatine, weicht sie in ein wenig Wasser ein, schlägt Schnee von einem Eiweiß und nimmt so viel Zucker, etwa 125 Gramm, dass es einen dicklichen Brei gibt. Ist der Kuchen gebacken, bestreicht man ihn mit dem Guss und lässt ihn im nicht zu heißen Ofen oben antrocknen.

Marschall-Kuchen

250 Gramm Mehl, 125 Gramm frische Butter, 60 Gramm Zucker, 3 Eigelb; dieses verarbeitet man gut, rollt den Teig nicht zu dünn und sticht mit einem kleinen Glase Kuchen aus. Die 3 Eiweiß schlägt man zu festem Schnee, rührt 165 Gramm Zucker, 165 Gramm mit der Schale geriebene Mandeln, 10 Gramm Zimt und die abgeriebene

Schale 1 Zitrone untereinander, bestreicht die Kuchen damit und lässt sie schön gelb backen.

Marseiller- oder Felsen-Torte

1 Pfund feines Mehl, 200 Gramm Zucker, 4 Eidotter, 2 ganze Eier und 2 Esslöffel Butter werden zu einem Teig verarbeitet, in Würfel geschnitten und in Schmalzbutter gelbbraun gebacken. Dann wird 875 Gramm Stückzucker kein Stampfzucker, mit etwas Rosenwasser geschmolzen; wenn er kocht und geschäumt ist, kommen 100 Gramm Sukkade, die zerschnittene Schale 1 Zitrone, 70 Gramm Zimt, 8 Gramm Nelken, 6 Gramm Kardamom, alles fein gestoßen, hinein und werden zuletzt mit den Teigwürfeln gemischt. Nun gießt man die Masse in eine mit Wachs bestrichene Form. Zu beachten ist, dass die Würfel vor dem Pressen nicht kalt werden dürfen, und dass der Zucker nur bis zum Perlen, ja nicht länger, kochen darf. Nachdem man den Teig gut verteilt hat, beschwert man ihn in der Form, damit er recht glatt wird. Ist die Masse erkaltet, so ist der Kuchen fertig, und man stürzt ihn ungebacken auf eine Schüssel. Der Kuchen ist von vorzüglichem Geschmack und bleibt lange Zeit frisch; zum Zerschneiden nehme man ein recht scharfes Messer, damit er nicht zerbröckelt, und schneide zierliche kleine Vierecke. Da der Kuchen sehr süß ist, kann man nicht viel davon essen.

Natronkuchen

125 Gramm Butter, 250 Gramm Zucker, die Schale 1 Zitrone, 3 Eier, 1/4 Liter Milch, 500 Gramm Mehl. Alles wird tüchtig verrührt, zuletzt ein fertiges Backpulver, das man in größeren Apotheken kaufen kann oder 5 Gramm Natron und 10 Gramm Cremor tartari hinzugerührt, worauf der Kuchen direkt in den Ofen muss; man lässt ihn 1 Stunde backen.

Nusskuchen

500 Gramm gemahlene Haselnusskerne, 375 Gramm gestoßener Zucker, 10 Eier.

Die Eigelb mit dem Zucker rührt man 1/2 Stunde, gibt dann die Nüsse und das zu steifem Schnee geschlagene Eiweiß hinzu und bäckt den Kuchen in einem anfangs nicht zu heißem Ofen 1 Stunde. Will man sparen, kann man auch ebenso gut Wallnüsse verwenden, nur haben dieselben einen strengen Geschmack, den nicht jeder liebt.

Obstkuchen (einfacher)

1 Ei, das Weiße zu Schnee geschlagen, 250 Gramm Mehl, 65 Gramm Butter, 65 Gramm Zucker, etwas Milch und 1/2 Backpulver. Hiervon macht man einen Teig, legt die Tortenpfanne damit aus und bedeckt den Teig mit Obst. Man lässt den Kuchen bei starker Unterhitze backen. Obstkuchen brauchen einen heißen Backofen.

Odenwälder Biskuit

8 ganze Eier werden tüchtig verrührt, dann gibt man 4 Tassen mittlerer Größe gestoßenen Zucker hinzu und rührt den Zucker mit den Eiern 1/4 Stunde, danach rührt man nach und nach 4 Tassen feines Mehl und den Saft 1/2 Zitrone darunter. Man lässt den Kuchen 1 Stunde langsam backen.

Orangentorte (sehr gut)

300 Gramm Zucker, 6 Eier, 300 Gramm geschälte gemahlene Mandeln, 2 Orangen, 55 Gramm Zwiebackkrumen. Die Eidotter rührt man mit dem Zucker und der abgeriebenen Schale der Apfelsinen 1/2 Stunde, gibt das Übrige, sowie den Saft der Früchte und zuletzt den

steifen Eierschnee hinzu. Man bäckt die Torte in der mit Zwieback ausgestreuten Form langsam. Später verziert man sie mit Apfelsinen-scheibchen, die man in gekochter Zuckerglasur umdreht, und rosa Spritzglasur, was sehr hübsch aussieht.

Plattenkuchen

1 Pfund Mehl, 125 Gramm Butter, 125 Gramm Zucker, für 5 Pfg. Hefe.

Zuerst macht man einen Vorteig, rührt die Hefe mit etwas Milch glatt, macht eine Vertiefung in das Mehl, gibt die Hefe hinein und ver-arbeitet dies in der Mitte mit dem Löffel ein wenig. Ist dieser Teig nach etwa 1 1/2 – 2 Stunden gegangen, wird die Butter, der Zucker, sowie das übrige Mehl darunter verarbeitet, dann rollt man den Teig 1 klei-nen Finger dick aus, lässt ihn auf dem Blech nochmals aufgehen und belegt ihn dann mit Äpfeln, die man auf folgende Weise zubereitet: Man schneidet recht saftige Äpfel in Scheibchen, lässt sie mit einem Guss Weißwein und Zucker gar dämpfen, legt sie auf den ausgerollten Kuchen und lässt ihn bei mäßiger Hitze 1/2 Stunde backen.

Zu dem Guss nimmt man dann 1/4 Liter saure Sahne, 2 Eier, 3 Ess-löffel Mehl, alles gut durcheinandergerührt, Zucker nach Geschmack, streicht ihn über die Äpfel und schiebt den Kuchen nochmals in den Ofen, bis der Guss schön gelb ist.

Will man Streuselkuchen statt des Apfelkuchens backen, nimmt man denselben Teig und bestreut ihn mit zerpflückten Butterstück-chen, die man unter den Zucker und Zimt mischt, den man dick, wie einen Guss, über den Teig vor dem Backen ausbreitet.

Protzelteig

125 Gramm Butter zu Sahne gerührt, 125 Gramm gestoßener Zucker, je 60 Gramm abgezogene und nicht abgezogene gemahlene Mandeln, je nach der Größe 6 – 7 hart gekochte Eidotter und 125 Gramm Mehl. Dies alles rührt man gut untereinander und bäckt kleine Kuchen davon.

Pumpernickelchen

125 Gramm Zucker, 125 Gramm Mandeln, 50 Gramm geriebene Vanilleschokolade, 10 Gramm Zimt und 1 großes Ei, sonst 2 kleine. Die Mandeln schnitzelt man, rührt sie unter die Masse, formt von dieser ein schmales längliches Brot und schneidet nach dem Backen, solange das Brot noch heiß ist, mit einem erwärmten Messer dünne Scheiben. Man muss sich hierbei beeilen, denn wenn das Brot kalt ist, lässt es sich nicht mehr schneiden.

Quittentorte

9 Quitten, 8 Eier, 1 Zitrone, 125 Gramm Zucker. Man kocht die Quitten weich, schält sie und schabt das Mark heraus, dieses rührt man mit den 8 Eigelb, dem Zucker und dem Eierschnee 1/4 Stunde, dann gibt man die Schale der Zitrone dazu und eine Messerspitze Zimt. Die Backform belegt man mit Butterteig, bäckt ihn etwas an, legt die Quittenmasse darauf, vermischt 100 Gramm abgezogene, geschnittene Mandeln mit ebenso viel Zucker, streut dies darüber und lässt den Kuchen im heißen Ofen backen.

Reiskuchen

1 Pfund Reis, gut abgebrüht, wird mit Milch fast gar gekocht. 250 Gramm Butter rührt man zu Sahne, gibt 8 Eier, 250 Gramm gestoßenen Zucker, 125 Gramm abgezogene gemahlene Mandeln, die abgeriebene Schale 1 Zitrone und den abgekühlten Reis hinzu, verrührt alles gut und mischt zuletzt den steifen Eierschnee leicht durch, schüttet die Masse in die gut mit Butter bestrichene und mit Zwieback ausgestreute Form und bäckt den Kuchen bei mittlerer Hitze 1 1/4 Stunde. Nach dem Erkalten überzieht man den Kuchen mit einem Zitronen- oder Orangenguss und verziert ihn mit rosa und weißen Schaumkügelchen, die man aus Bequemlichkeit beim Konditor kauft,

oder leicht von etwas Eierschnee mit Zucker und ein wenig aufgelöster roter Gelatine selbst macht.

Rheinisches Biskuit

650 Gramm Zucker werden mit 12 Eidottern, der Schale und dem Saft 1 Zitrone 1/2 Stunde gerührt, dann das steife Eiweiß hinzugetan und zuletzt 325 Gramm gesiebtes Mehl durchgerührt; der Kuchen muss bei nicht zu heißem Ofen 1 Stunde backen.

Rodonkuchen

250 Gramm Butter, 250 Gramm Zucker, 6 Eier, 1 Kilogramm Mehl, 160 Gramm Sukkade, 250 Gramm Sultanrosinen, für 10 Pfg. Hefe, reichlich 1/2 Liter gewärmte Milch. Man rührt und bäckt den Kuchen nach Angabe wie bei „Kaffeekuchen".

Rodon mit Schokoladenguss

500 Gramm Mehl, 40 Gramm Hefe, 1/4 Liter Milch, 125 Gramm Butter (gut gewogen), 125 Gramm Zucker, 6 Eier, 1 Teelöffel voll Salz und 100 Gramm geschälte gemahlene Mandeln.

Diese Masse lässt man in der Form nur einmal gehen. Wenn der Rodon gebacken ist, bestreicht man ihn mit Schokoladenglasur von 140 Gramm Schokolade, die man heiß mit einem Pinsel oder breitem Messer aufstreicht.

Rosinenkuchen

1/2 Kilo Zucker, 1/2 Kilo Mandeln, ebenso viel Mehl und ebenso viel Rosinen, 10 ganze Eier, 4 Esslöffel Arrak, die Schale 1 Zitrone.

Zucker und Eier müssen 1 Stunde lang immer in derselben Richtung gerührt werden. Man beachte, dass die von der braunen Schale befreiten Mandeln nicht zu feucht in die Mühle kommen, da sie sich sonst schlecht mahlen lassen. Zu diesem Zweck trocknet man sie mit einem reinen Tuche ab. Am besten eignet sich dieser Teig zum Backen in einer Brotform. Man schneidet dann hübsche dünne Scheiben und kann den Kuchen lange aufbewahren.

Sandtorte Nr. 1

375 Gramm frische Butter schmelzt man, schäumt sie ab, kühlt sie und rührt sie 1/2 Stunde, gibt 500 Gramm feinen gesiebten Zucker, 500 Gramm Kartoffelmehl, die abgeriebene Schale 1 Zitrone oder etwas fein gestoßene Vanille und 8 Eidotter hinzu, zuletzt den steifen Eierschnee, den man rasch darunter rührt. Die Torte muss langsam backen, um gutes Aufgehen zu bewirken; man deckt die Torte die erste Viertelstunde zu, damit sie mehr Hitze von unten bekommt.

Sandtörtchen

250 Gramm süße Rahmbutter, 250 Gramm Zucker, 2 ganze Eier, die Schale 1 Zitrone. Dies rührt man eine gute Weile, gibt nach und nach 250 Gramm Kartoffelmehl darunter, rührt noch 1/2 Stunde und bäckt in kleinen, mit Butter und Zwieback hergerichteten Formen die Törtchen im heißen Ofen dunkelgelb.

Schichtkuchen

1 Pfund Butter zu Sahne gerührt, 14 Eier, von denen man 8 Dotter und 6 Stück ganz nimmt, 1 Pfund Zucker, 1 Pfund Mehl und die abgeriebene Schale von 2 Zitronen.

Dies alles verrührt man gut untereinander und bäckt 4 dünne Kuchen dunkelgelb in nicht zu großer Springform, da der Kuchen, wenn er hoch ist, mehr Ansehen bekommt. Zum Bestreichen nimmt man am besten Marmelade von verschiedener Farbe, etwa Aprikosen,

Erdbeeren und Gelee von Himbeeren oder Johannistrauben. Die 4 Kuchen legt man behutsam aufeinander und überzieht den Kuchen mit einem mit Zitronensaft getränkten, weißen Zuckerguss. Der Kuchen ist wochenlang frisch und wohlschmeckend zu erhalten, wenn man ihn in einem unbenutzten Zimmer offen hinstellt. Man kann auch statt des Zuckergusses den Kuchen nur mit Zucker bestreuen.

Schlesischer Rehrücken

6 Eier, 125 Gramm Zucker, 1 Messerspitze Zimt, ebenso viel Nelken, die Schale 1/2 Zitrone, 125 Gramm gemahlene Haselnusskerne, 30 Gramm geriebene Schokolade, 1 gestrichener Esslöffel Kartoffelmehl. Eier, Zucker und Gewürz rührt man mit dem Mehl 1/2 Stunde, zuletzt mischt man den Eierschnee darunter und bäckt die Masse in einer, mit Butter und Weckmehl[4] vorbereiteten Rehrückenform reichlich 1/2 Stunde.

Von 70 Gramm geriebener Schokolade, 70 Gramm Zucker und etwas Wasser kocht man einen Guss, streicht ihn über den erkalteten Kuchen und spickt ihn mit abgezogenen Mandelstiftchen. Beim Servieren schneidet man dünne Scheiben.

Schneekuchen

6 Eier, das Weiße zu Schnee geschlagen, 4 Esslöffel Zucker, 2 Esslöffel Mehl und etwas abgeriebene Zitronenschale; hat man noch unbenutztes Eiweiß, kann man dieses hinzutun, je mehr Eierschnee, desto lockerer wird der Kuchen. Ist dies alles wohl verrührt, bäckt man den Kuchen in nicht zu heißem Ofen eine gute halbe Stunde. Nach dem Erkalten bestreicht man ihn mit Aprikosenmarmelade. Der Kuchen ist schmackhaft und sehr schnell gemacht.

---

4   Anm. des Verlags: Weckmehl besteht aus Bröseln von geriebenen, trockenen Brötchen und ist damit äquivalent zu Semmelbröseln oder Paniermehl.

Schnittenkuchen

6 Eier, 250 Gramm Zucker, 150 Gramm Mandeln, 150 Gramm Sultanrosinen, 75 Gramm Butter, 250 Gramm Mehl, etwas gestoßenen Zimt und Nelken.

Dies alles verrührt man gut untereinander, füllt die Masse in eine ausgestrichene, mit Zwieback bestreute Brotform und bäckt sie bei guter Hitze goldbraun. Man reicht den Kuchen in Schnitten geteilt. Derselbe hält sich lange Zeit frisch.

Die Mandeln werden abgezogen und das Weiße der Eier zu Schnee geschlagen.

Schokoladenkuchen
(passend zum Tee oder Kaffee)

125 Gramm Butter rührt man schaumig, gibt 4 Eidotter, 350 Gramm gestoßenen Zucker, 1 Obertasse Milch, 125 Gramm Schokoladenpulver (von Reichard), 1/2 geriebene Muskatnuss, 1 Teelöffel Zimt, 1/2 Teelöffel Nelken, beides fein gestoßen, die Schale 1/2 Zitrone dazu, dies alles rührt man 1/2 Stunde, gibt vor und nach 300 Gramm Mehl und 2 1/2 Teelöffel Backpulver hinzu, rührt zuletzt den steifen Eierschnee unter die Masse und bäckt den Kuchen in vorbereiteter Form gut 1 Stunde. Nach dem Backen überzieht man den Kuchen mit Zuckerglasur und bestreut ihn mit etwas buntem Streuzucker solange der Guss noch feucht ist. Der Kuchen bleibt noch länger frisch, wenn man 125 Gramm geriebene Haselnusskerne zur Masse gibt, 2 Böden bäckt und den einen mit Marmelade bestreicht.

Schokoladentorte

250 Gramm Butter, 500 Gramm Zucker, 12 Eier, 240 Gramm Kartoffelmehl, 250 Gramm geriebene Vanilleschokolade, 2 Esslöffel voll Kakao. Man rührt die Butter zu Sahne, gibt vor und nach die Eidot-

ter, Zucker, Mehl und Schokolade hinzu; bis alles verrührt ist, braucht man etwa 1 Stunde, dann mischt man den steifen Eierschnee darunter und bäckt die Torte bei mäßiger Hitze 1 Stunde.

Schwarzbrot-Torte

120 Gramm geriebenes Schwarzbrot, 75 Gramm geschälte geriebene Mandeln, 120 Gramm gestoßener Zucker, 8 Gramm Zimt, eine Messerspitze gestoßene Nägelchen, etwas Muskatblüte, kleingeschnittenes Zitronat und die abgeriebene Schale 1/2 Zitrone, 6 Eier.

Dies rührt man 1 Stunde, mischt den steifen Schnee der Eier zuletzt durch, gibt die Masse in eine Springform, die mit Butter ausgestrichen ist; da der Teig aufgeht, muss die Form 1-fingerbreit frei bleiben. Man bäckt den Kuchen 1 Stunde bei gelinder Hitze.

Schweizer-Kuchen (vorzüglich)

4 ganze Eier, 500 Gramm Butter, 250 Gramm Zucker, 750 Gramm Mehl und die Schale 1 Zitrone, verarbeitet man zu einem mürben Teig. Man rollt ihn und sticht davon nicht zu dünne runde Kuchen aus.

Von 250 Gramm Mehl, 150 Gramm Butter, 150 Gramm Zucker und Zimt nach Geschmack, macht man ein Sträutzel[5]. Die Butter lässt man heiß werden, rührt Zucker, Mehl und Zimt hinein und drückt die Masse durch ein grobes Sieb, breitet sie dann aus zum Erstarren. Ist dies geschehen, bestreicht man die Kuchen mit Ei, verteilt den Sträutzel auf die Kuchen, möglichst gleichmäßig, und bäckt sie schön goldgelb.

---

5   Anm. des Verlags: Hier sind wahrscheinlich Streusel gemeint.

Schwelmer Biskuit

8 Eier, 250 Gramm Stampfzucker, 125 Gramm vom besten, soge-
nannten Kaisermehl[6]; Zucker und Eidotter werden 1/2 Stunde
gerührt, dann das zu festem Schaum geschlagene Eiweiß und zuletzt
das Mehl langsam durchgerührt. Der Kuchen muss knapp 1 Stunde
backen. Sollte der Ofen von oben mehr Hitze haben wie von unten,
so deckt man den Kuchen mit einem Deckel die erste Viertelstunde
zu.

Stachelbeertorte

1 Pfund Mehl, 250 Gramm Butter, 1 Ei, 1/2 Tasse kaltes Wasser, 3
Esslöffel Zucker.

Hiervon macht man einen Teig, lässt ihn über Nacht oder einige
Stunden stehen und nimmt so viel davon, dass man das Tortenblech
nicht zu dünn damit zu belegen braucht. Nach Belieben rollt man
hierzu den Teig aus oder drückt ihn mit der Hand an. Den Rand, der
etwa 2-fingerdick sein muss, legt man mit Hilfe eines Messers in spitze
Zacken oder macht eine Rolle, die man mit dem Backrädchen verziert.
Der Teig muss recht gleichmäßig verteilt werden. Wo etwa dünne Stellen entstanden sind, legt man ein Teigstück auf und drückt mit der
flachen, mit Mehl bestäubten Hand dasselbe ein.

Die unreifen Stachelbeeren setzt man mit kaltem Wasser aufs Feuer
und lässt sie bis ans Kochen kommen, dann schüttet man sie auf ein
Sieb und legt sie auf den Kuchen, bäckt ihn im heißen Ofen 1 Stunde
und bestreut ihn sofort tüchtig mit Zucker und Zimt.

---

6   Anm. des Verlags: Am Anfang des 20. Jahrhunderts wurden Mehle nach ihrem Ausmah-
lungsgrad eingeteilt, wobei Kaisermehl das feinstgemahlene Mehl bezeichnete. Heutzu-
tage werden unterschiedliche Mehlbeschaffenheiten am Helligkeitsgrad, abhängig vom
Mineralstoffgehalt des Mehls, bemessen und in Type angegeben, wovon sich unterschiedliche Backeigenschaften ableiten lassen. Weizenmehl Type 405 ist das Standardmehl in
jedem Supermarkt.

Ebenso wohlschmeckend ist es, wenn man nach vorhergehender Angabe die Stachelbeeren abbrüht, mit einem Guss weißen Wein und tüchtig Zucker Kompott davon kocht und den Kuchen erst nach dem Backen mit den Stachelbeeren belegt. Dieses Verfahren ist vorzuziehen, wenn man keinen sehr heißen Backofen hat, man geht dann sicherer, dass der Teig gar ist. Obstkuchen muss flott gebacken werden, weil das Obst sonst zu sehr austrocknet, wenn es zu lange im Ofen bleibt.

Universumkuchen

Man rührt 125 Gramm ungesalzene Butter zu Sahne, gibt 4 Eidotter und 2 Tassen Zucker dazu, rührt wieder um, fügt 1 Tasse Milch und 5 Tassen Mehl dazu, verrührt 5 Gramm Natron gut darunter, fügt die zweite Tasse Milch hinzu und mischt dann erst 10 Gramm Cremor tartari, sowie etwas Vanille oder Zitronenschale darunter. Man rührt alles tüchtig, bis der Teig Blasen wirft und tut zuletzt den steifen Eierschnee in die Masse, mischt ihn leicht durch, füllt den Teig sofort in die gut hergerichtete Springform und lässt den Kuchen 1 – 1 1/4 Stunde backen.

Warmer Schwamm-Auflauf

1 Ei dick Butter, 1 Obertasse Milch, 1 Mehllöffel Mehl; dies rührt man über dem Feuer, bis die Masse sich vom Topfe loslöst, gibt 4 Eidotter hinein, 1 Löffel Zucker und den steifen Schnee, füllt sie in die Auflaufform und lässt den Auflauf bei guter Hitze 1/2 Stunde backen. Man muss genau die Zeit berechnen, wann man ihn servieren will; lässt man ihn stehen, fällt er zusammen.

Wickelkuchen Nr. 1

750 Gramm Mehl, 125 Gramm Butter, 2 Eier, 45 Gramm Hefe (für 8 Pfg.), 2 Esslöffel voll vom besten Provenceröl und 1 Suppenteller voll

gestoßenen Zucker mit Zimt vermischt zum Bestreuen des Kuchens. Von der Hefe, mit etwas Milch und Mehl, macht man einen Vorteig, diesen lässt man aufgehen, das Übrige gibt man dazu, welgert den Teig fingerdick aus, streut Zimt und Zucker darüber und rollt den Teig von außen bis zur Mitte, sodass 2 dicke Rollen entstehen, die man dicht aneinanderlegt. Dann schiebt man den Wickelkuchen auf das Blech und lässt ihn am warmen Ofen aufgehen und nachher in heißem Ofen backen.

Wickelkuchen Nr. 2

1 Kilo Mehl, 375 Gramm Butter, 250 Gramm Zucker, 75 Gramm Hefe, 1/2 Liter Milch, 125 Gramm geschälte geriebene Mandeln, 250 Gramm Sultanrosinen, 125 Gramm Zitronat, 5 Gramm gestoßenen Zimt. Die Hefe wird mit 1/8 Liter Milch mit etwas Mehl zu einem Vorteig angesetzt, den man 1/2 Stunde gehen lässt. Dann gibt man das Übrige zu dem Vorteig, lässt aber 125 Gramm Butter und 125 Gramm Zucker zurück. Diesen Teig lässt man 3 Stunden aufgehen. Hierauf rollt man den Teig fingerdick aus, streut Rosinen, Mandeln, Zitronat, Zucker und Zimt und die in Stückchen zerpflückte Butter darauf, rollt den Teig wie einen Kranz oder Halbmond auf das Blech, lässt den Kuchen noch 1 Stunde am warmen Ofen gehen und bäckt ihn dann. Von dieser Masse bereitet man auch die beliebten rheinischen Schneckenkuchen. Zu diesem Zweck schneidet man den ausgewellten Teig in 3-fingerbreite Streifen, füllt nach vorhergehender Angabe die verschiedenen Zutaten hinein, wickelt die Streifen zu kleinen Rollen auf und setzt sie in einiger Entfernung, damit zum Aufgehen Platz bleibt, in der Mitte beginnend, kranzförmig auf das Blech.

Wohlfeiler Obstkuchen

Man nimmt hierzu eine gewöhnliche Kuchenpfanne, rührt einen Teig von 3 Eiern, das Weiße zu Schnee, 2 1/2 Esslöffel Mehl, 5 Esslöffel Milch, etwas Zucker und Salz. Hierauf lässt man 1 Stückchen Butter in der Pfanne zergehen, belegt den Kuchenteig mit ausgesteinten Zwetschen, ausgesteinten sauren Kirschen oder dünnen Apfelscheiben mit Korinthen bestreut, wenn man das liebt, sonst lässt man sie fort und bäckt den Kuchen schön gelb 1/2 Stunde im Backofen. Man wird sich über das hübsche Aussehen wundern. Vor dem Anrichten bestreut man ihn tüchtig mit gestoßenem Zucker und serviert ihn nicht zu warm.

Yankee-Kuchen

1 1/4 Tasse frische geschmolzene Butter, 2 Tassen gestoßener Zucker, 6 Eidotter. Dies verrührt man gut, gibt den Saft und die abgeriebene Schale 1 Zitrone dazu, 1 Tasse große ausgekernte Rosinen, die man durchschneidet, ebenso viel Zitronat und 1 Tasse abgezogene Mandeln, beides fein geschnitten. 2 kleine Muskatnüsse reibt man fein, gibt 1 Esslöffel voll Ceylon Zimt, 1/2 Teelöffel voll gestoßene Nelken, 1 Prise Ingwer, 1 Weinglas voll Branntwein, 1 kleine Tasse Milch, 2 1/2 Tassen gesiebtes Mehl, das man mit 3 Teelöffeln voll Backpulver vermischt, unter die Masse, verrührt sie tüchtig, füllt sie in eine mit Butter und Zwieback vorbereitete Springform und lässt den Kuchen 1 1/2 Stunden backen. Man nimmt 1 Tasse mittlerer Größe. Der Kuchen hält sich lange und ist sehr schmackhaft.

Zitronenauflauf

360 Gramm Zucker, 8 Eier, Saft von 3 Zitronen, Schale von 1 Zitrone. Eidotter, Zucker, Zitronensaft und die Zitronenschale rührt man 1/2 Stunde. 1 Esslöffel voll Weizenpuder[7] vermischt man mit dem steifen Schnee der Eier, mengt diesen leicht mit dem Eigelb, bäckt den Auflauf in der Form 1/4 Stunde und gibt ihn dann gleich zu Tisch.

---

7   Anm. des Verlags: Hier ist Weizenstärke gemeint.

Zitronentorte

Man belegt das Tortenblech mit Butterteig und lässt diesen im Backofen anbacken; dies geschieht zur Vorsicht, damit man sieht, ob der
Kuchen in der Mitte gar wird.

200 Gramm mit der braunen Schale gemahlene Mandeln vermischt
man mit 2 Eidottern, 250 Gramm Zucker, Schale und Saft 1 Zitrone
und dem steifen Schnee der beiden Eier. Diese Masse verteilt man
über den Kuchen und lässt ihn hierauf fertig backen. Ist der Kuchen
erkaltet, verziert man ihn mit Zitronen-Spritzglasur und Viertelstü-
cken dünner Zitronenscheiben, von denen man das Weiße abschnei-
det und natürlich die Kerne herausnimmt.

Zwetschen- oder Mirabellentorte

125 Gramm Butter, 250 Gramm Mehl, 1 Ei, 3 – 4 Esslöffel Zucker und
1 Esslöffel Wein. Dies arbeitet man gut untereinander, wellt den Teig
aus, legt ihn in die Tortenpfanne, steint Zwetschen oder Mirabellen
aus, belegt den Kuchen dicht mit Frucht und lässt ihn im heißen Ofen
1 Stunde backen.

Zwiebacktorte

14 Eidotter werden mit 375 Gramm gestoßenem Zucker 1/2 Stunde
gerührt, dann mischt man 180 Gramm feingestoßene Mandeln, 1 feingeschnittene Zitronenschale, 60 Gramm feingeschnittenes Zitronat
und 60 Gramm Orangenschale, sowie 15 Gramm Zimt und 1 Teelöffel
gestoßener Nelken langsam hinzu. Wenn dies alles verrührt ist, wird
das Eiweiß zu Schnee geschlagen und dazugetan, zuletzt werden 240
Gramm feingestoßener Zwieback leicht darunter gerührt. Man lässt
den Kuchen bei mäßiger Hitze 1 – 1 1/4 Stunde backen.

TORTE

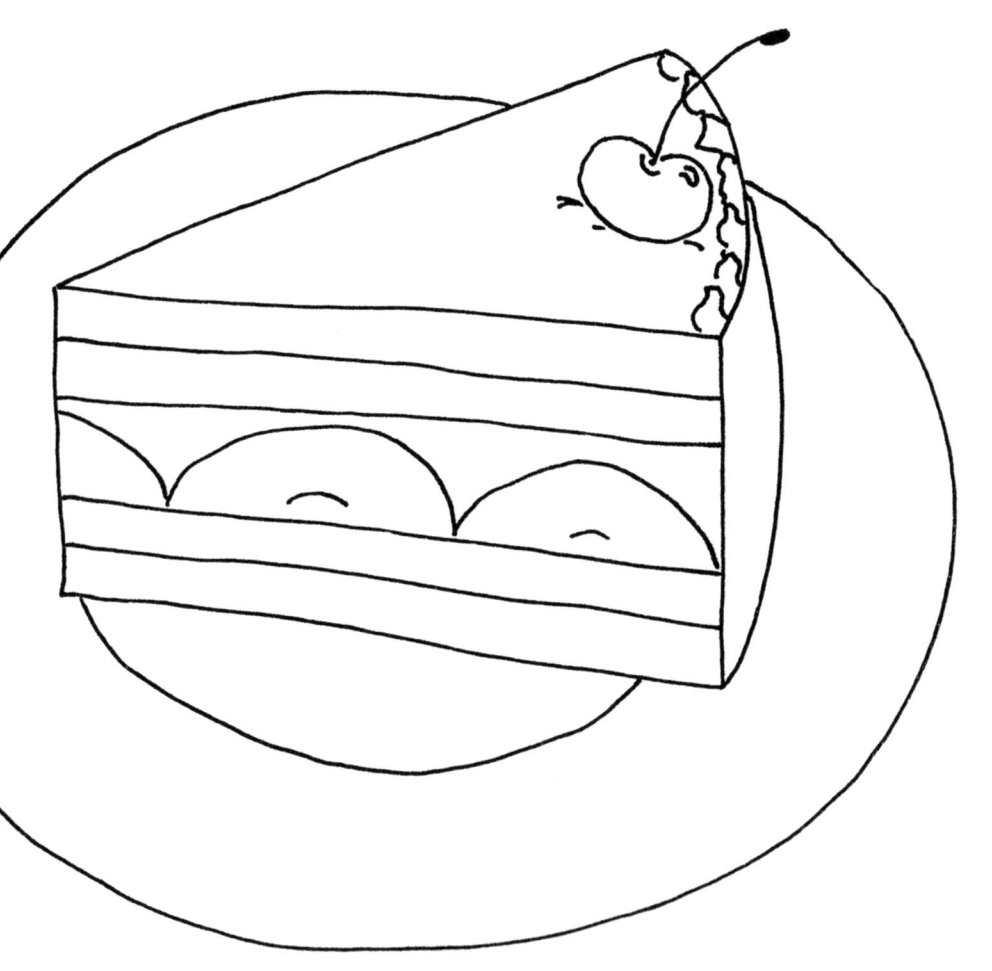

Einfacher Apfelkuchen

Man macht einen Pfannkuchenteig von 3 Eiern, das Weiße zu Schnee geschlagen, 2 1/2 Esslöffel Mehl oder Stärke, 5 Esslöffel Milch, ein wenig Zucker und Salz.

Hiervon bäckt man flott einen Kuchen, bestreicht ihn danach mit gutem steifem Apfelmus, wenn man es liebt, mit Korinthen vermischt, schlägt das Weiße von 2–3 Eiern zu einem festen Schnee, streicht diesen über den Kuchen, bestreut ihn dicht mit Hagelzucker und schiebt ihn einen Augenblick in den heißen Backofen, damit der Schnee schnell gar wird.

Brauntorte (vorzüglich)

125 Gramm Butter, 375 Gramm Zucker, 350 Gramm mit der braunen Schale gemahlene Mandeln, 125 Gramm Mehl, 4 Eier, 75 Gramm feingeschnittenes Zitronat, ein Kaffeelöffel Zimt, knapp eine Messerspitze gestoßene Nägelchen und ebenso viel Muskatnuss.

Die Butter rührt man schaumig, gibt 4 Eidotter, Zucker, Mandeln, Mehl und die Gewürze und zuletzt den steifen Eierschnee dazu. Von dieser Masse welgert man 2 Böden aus, belegt den ersten mit Fruchtmarmelade, deckt den zweiten darüber, drückt den Rand fest an und bäckt die Torte in nicht zu heißem Ofen.

Cremetorte

250 Gramm Mehl, 250 Gramm Zucker, 250 Gramm ungeschälte geriebene Mandeln oder Nusskerne, 250 Gramm zerpflückte Butter, 1 Päckchen Vanillezucker, dies alles verarbeitet man zu einem Teig, von dem man in der Tortenform 3 Kuchen bäckt. Nach dem Erkalten bestreicht man den unteren Kuchen mit Gelee oder Fruchtmarmelade, den zweiten mit Vanillecreme und legt den dritten als Decke darauf und überzieht ihn mit Glasur.

Vanillecreme zur Torte

2 Eier, 60 Gramm Zucker, 20 Gramm Stärkemehl, 20 Gramm Weizenmehl, Vanille 3/8 Liter (knapp 1/2 Liter), dies schlägt man tüchtig
über dem Feuer zu einer Creme, stellt sie kalt und füllt sie dann erst
auf die Torte. Zur Glasur nimmt man, je nach der Größe der Form,
125 – 150 Gramm Puderzucker, feuchtet ihn mit etwas Arrak und
Wasser an und streicht ihn über die Torte.

Kirschtorte mit Sahne

Man bäckt von Mürbeteig ein Unterblatt mit Rand hellgelb. Ist der
Kuchen erkaltet, belegt man ihn mit sauren, süß eingemachten Kirschen; kurz vor dem Gebrauch schlägt man süße Sahne zu Schaum,
süßt sie und gibt sie über die Kirschen.

Lagentorte

250 Gramm Butter, 5 Eier, 375 Gramm Zucker, 250 Gramm Kartoffelmehl, 250 Gramm Weizenmehl, die abgeriebene Schale 1 Zitrone.
  Die Butter rührt man schaumig, gibt vor und nach die oben
genannten Sachen hinzu, zuletzt den Schnee der 5 Eier und den halben Inhalt eines Päckchens Backpulver. Von dieser Masse bäckt man
nach Belieben 3 oder 4 Böden, den schönsten Boden nimmt man als
oberste Lage. Nun bestreicht man eine dieser Platten mit Aprikosenmarmelade, deckt eine zweite Platte darauf, bestreicht diese mit Himbeergelee, legt die dritte Platte darüber, die man mit Hagebutten- oder
Quittenmarmelade bestreicht. Nun deckt man die letzte Platte darüber. Diese feuchtet man ganz dünn mit Aprikosenmarmelade an. 200
Gramm abgeschälte feingemahlene Mandeln und 200 Gramm Zucker
feuchtet man mit Rosenwasser an, verarbeitet die Masse tüchtig, bis
sie ein runder Ballen ist. Nun welgert man die Marzipanmasse messerrückendick aus, drückt die Backform darauf, damit man weiß, wie groß
der Kuchen ist, schneidet die Rundung aus, schiebt den Marzipande-

ckel auf einen Bogen weißes Papier und mit diesem auf den Kuchen. Nun rollt man mit der Hand dünne lange Würstchen, bestreicht den äußersten Kuchenrand mit Gummiarabikum, legt die Würstchen als Rand um die Torte, drückt mit einer Gabel darauf, damit in der Marzipanmasse tiefe Riefen entstehen. Ferner verziert man die Torte hübsch mit kandierten Früchten, eingemachten Nüssen, Gelee und Zitronat; Hagebutten, in welche man 1 ganze geschälte Mandel steckt, sehen wie Rosenknospen aus. Zuletzt rollt man in der Hand kleine Kugeln, klebt sie mit dem Gummi, der recht steif sein muss, auf den Rand fest und lässt die Torte erst am folgenden Tag servieren.

Marzipantörtchen

Von der unter „Marzipankartoffeln" beschriebenen Masse formt man ganz kleine Böden mit Rand in Törtchenform, bestreicht den 1 Zentimeter hohen Rand, der mit einem Backrädchen etwas verziert ist, mit Eigelb, lässt sie im Ofen, der heiß sein darf, einen Augenblick backen, sodass die Ränder bräunlich werden, nimmt sie dann schnell heraus und belegt die Törtchen mit 1/2 Aprikose oder sonst feinem eingemachten Obst.

Meringe-Torte

9 Eiweiß werden zu festem Schnee geschlagen, dann mit Vanille und 1 Pfund gesiebten Zucker lange geklopft. Man nimmt eine hohe Pfanne, beklebt sie mit Papier, gibt die Masse hinein, höht den Rand etwas an und lässt sie etwa 3 Stunden in einem lauwarmen Ofen trocknen. Kurz vor dem Servieren füllt man die Torte mit geschlagenem Rahm, mit Zucker und Vanille gewürzt. Will man das Papier entfernen, feuchtet man es an und zieht es ab vor dem Füllen der Torte.

Nusstorte

250 Gramm Zucker, 150 Gramm gemahlene Haselnusskerne, 100 Gramm gemahlene Mandeln, 9 Eier, etwas Vanille, 1 Esslöffel voll Mehl und 50 Gramm Butter.

Nüsse, Mandeln, Zucker und Mehl rührt man 1/2 Stunde, rührt den steifen Eierschnee leicht darunter und bäckt von dieser Masse 2 Böden in einer mittelgroßen Form. Zum Füllen kocht man eine Creme von 30 Gramm gemahlenen Haselnusskernen, 15 Gramm bitteren Mandeln, 65 Gramm Zucker, 3 ganzen Eiern, 1/2 Esslöffel voll Mehl und 1/4 Liter Milch. Mit dieser Creme bestreicht man den Kuchen, legt das Oberblatt darauf, versieht die Torte mit einem Schokoladen- oder Zuckerguss und verziert sie mit überzuckerten Nusskernen und Früchten.

Obsttorte mit Schaum

250 Gramm Mehl, 125 Gramm Butter, 2 Esslöffel Zucker, 1 Ei, 1 Weinglas voll Wasser oder halb Wasser und halb Arrak; dies verarbeitet man tüchtig zu einem Teig, rollt ihn aus und legt ihn auf eine mit Butter und Zwieback bestreute Form, bestreicht den Kuchen mit Butter und Ei und bäckt ihn im heißen Ofen hellbraun. Unterdessen schlägt man das Weiße von 3 – 4 Eiern zu festem Schaum, mischt etwas Zucker und Zitronensaft darunter, belegt den Kuchen mit Gelee oder eingemachtem Obst, streicht den Schaum darüber und lässt diesen hellgelb backen.

Osterfest-Torte

250 Gramm süße, 15 Gramm bittere Mandeln, abgezogen und fein gemahlen, vermischt man mit 250 Gramm Zucker, der Schale und dem Saft 1/2 Zitrone und 3 steifen Eiweiß. Eine kleine Springform, gut mit Butter ausgestrichen und Zwieback ausgestreut, füllt man

mit der Kuchenmasse, die man gleichmäßig verteilt, und bäckt den Kuchen bei scharfer Hitze.

Unterdessen macht man von 250 Gramm Mehl, 2 Eidottern, 250 Gramm Zucker, 1 ganzen Ei, 1 Esslöffel voll geschmolzener Butter, einen Teig, formt eine Rolle, schneidet sie in Würfel und bäckt sie in kochender Schmelzbutter goldbraun.

450 Gramm Stückzucker taucht man in Rosenwasser, lässt ihn auf dem Herd zergehen und kochen, gibt 50 Gramm fein geschnittenes Zitronat, die feine Schale 1/2 Zitrone, 35 Gramm Zimt, 4 Gramm Nelken, 3 Gramm Kardamom hinein und rührt dies alles mit dem heißen Zucker.

Ist die Makronenmasse gebacken, stellt man die Würfel felsenartig übereinander auf den Kuchen in die Mitte; steckt ringsum 125 Gramm braune gebrannte Mandeln und lässt die noch flüssige abgekühlte Zuckermasse über die Würfel träufeln hier und da stellt man auf die Felspartien Schokolodenhäschen in den verschiedenen Stellungen, die in der Zuckermasse ganz fest stehen. Diese reizende, selbsterdachte Torte ist das Entzücken der Kinder und schmeckt vorzüglich.

Preiselbeertorte

Man macht ein Unterblatt von 125 Gramm Butter, 250 Gramm Mehl, 63 Gramm Zucker, 1 Ei und 1 Teelöffel Rum oder Arrak und bäckt es hellbraun. Dann belegt man dies reichlich mit eingemachten Preiselbeeren, die recht geleeartig eingekocht sind. Von 3 Eiweiß schlägt man steifen Schnee, würzt ihn mit Vanille, tut Zucker nach Geschmack daran, streicht ihn über die Preiselbeeren und stellt den Kuchen einen Augenblick, damit der Schnee bäckt, in den Backofen. Liebt man den Schnee nicht, kann man ihn fortlassen. Da man gewöhnlich die Preiselbeeren nicht sehr süß einmacht, tut man am besten an die Preiselbeeren, die zum Kuchen verwandt werden sollen, noch ein Stück Zucker und kocht sie vor dem Gebrauch ein wenig ein.

Reistorte mit Unterblatt

Man macht von Mürbeteig ein Unterblatt mit Rand und bäckt dasselbe hellbraun, kocht Reis mit Wasser gar, doch so, dass die Körner ganz bleiben (man rechnet zu dem Kuchen 250 Gramm Reis) kocht reichlich 125 Gramm Sultanrosinen, rührt diese unter den Reis, süßt ihn und tut ein wenig Orangenessenz hinein, dass der Reis recht kräftig schmeckt, bestreicht den Kuchen nach dem Backen mit dem Reis, legt kreuzweise mit dem Backrädchen ausgeschnittene fingerbreite Teigstreifen darüber, schiebt den Kuchen nochmals in den Ofen und lässt die Streifen gar backen. Dann nimmt man ihn heraus und legt in jedes durch die Streifen entstehende Viereck eine eingemachte Kirsche. Süß eingemachte Morellen oder Glaskirschen verwendet man dazu am besten.

Ringbahntorte

8 Eier, 200 Gramm Zucker, 200 Gramm halb Weizen halb Kartoffelmehl, die Schale 1/2 Zitrone, 10 Gramm bittere Mandeln. Eigelb, Zucker, Mehl und Gewürz rührt man tüchtig, gibt 1 Messerspitze Hirschhornsalz und zuletzt den steifen Eierschnee lose darunter und bäckt von dieser Masse 2 Kuchen.

125 Gramm geriebene, abgezogene Mandeln vermischt man mit 125 Gramm Zucker, 1 Eiweiß und etwas Wasser, dies füllt man in den Spritzsack; ist ein Kuchen gebacken, so dressiert man zunächst einen Rand ringsum, dann einen zweiten Rand und in der Mitte einen kleinen Ring, schiebt den Kuchen in den Ofen und lässt mit Oberhitze die Ringe schnell braun werden. Den ersten Kuchen bestreicht man erkaltet dick mit Fruchtmarmelade, schiebt die obere Lage des Kuchens darauf und füllt die Zwischenräume zwischen den Ringen mit Gelee in 2 Farben aus. Der Kuchen schmeckt vorzüglich und sieht hübsch aus.

Sandtorte Nr. 2

1 Pfund abgeklärte Butter zu Sahne gerührt, 1 Pfund gestoßener Zucker, 1 Pfund Kartoffelmehl, 8 Eier und die abgeriebene Schale 1 Zitrone. Diese Torte rührt man nach vorhergehender Angabe, bäckt aber von dieser Masse in der Springform 3 Kuchen, bestreicht 2 davon, wenn sie kalt geworden sind, mit Marmelade oder Gelee, legt sie aufeinander und überzieht den Kuchen am folgenden Tage mit einem Zuckerguss mit Zitronensaft und verziert ihn mit Früchten.

Wiener Pfannkuchen

Man bäckt von 5 Eiern, das Weiße zu Schnee geschlagen, 7 dünne Pfannkuchen, bestreicht den untersten mit Dreimus oder irgendeiner beliebigen Marmelade dünn, legt dann den zweiten Kuchen darauf, bestreut ihn mit Zucker und träufelt hier und da ein wenig Zitronensaft darüber. So fährt man fort, immer einen Kuchen mit Frucht und einen mit Zitronenzucker zu belegen, bis der siebte Kuchen den Schluss macht. Den obersten bestreut man nur mit ein wenig Zucker oder gar nicht, wenn er besonders schön hellbraun kross gebacken ist.

Wiener Torte

375 Gramm frische Butter zu Schaum gerührt, 375 Gramm Zucker, 9 Eidotter, die abgeriebene Schale 1 Zitrone; dies wird eine Weile gerührt, nach und nach gibt man 375 Gramm durchgesiebtes Mehl hinein und mischt zuletzt den steifen Eierschnee durch. Hiervon bäckt man 3 Kuchen; damit man mit dem Teig nicht zu kurz kommt, teilt man ihn in 3 Teile und bäckt die Kuchen bei mäßiger Hitze. Zum Bestreichen der Kuchen nimmt man Marmelade oder Obstgelee von verschiedener Farbe und Geschmack. Zum Guss auf den obersten Kuchen nimmt man Zucker mit Eiweiß, etwas Punsch oder Orangenblütenwasser, rührt, bis der Guss weiß ist, streicht ihn auf die Torte,

stellt diese warm zum Trocknen und verziert sie am folgenden Tage mit Früchten. Am besten kauft man sich zum Verzieren der Torten im Winter, wenn die kandierten Früchte in den Handel kommen, einen Vorrat. Von roten Birnchen schneidet man z.b. dünne Scheiben, die man wie Rosenblätter zu einer Rose zusammenlegt. Die grünen Blätter schneidet man aus Zitronat und verziert den Kuchen nach Geschmack mit geschickter Hand. Mit wenig Mühe kann man von Marzipanmasse Blätter ausschneiden, die man als Kranz an den Rand der Torte legt, was einen hübschen Abschluss bildet.

Kekse

Anisbrezeln

15 Gramm Anis, 5 Gramm Backpulver, 250 Gramm durchgesiebter Zucker, 250 Gramm Mehl, 2 Eier, das Weiße zu Schnee geschlagen. Dies verarbeitet man ordentlich zu einem Teig, der sich ausrollen lässt, formt kleine Würstchen, die man mit der Hand rollt, dass man eine Brezel daraus machen kann und bäckt diese flott auf butterbestrichenem Blech in heißem Ofen. Ist der Teig zu steif, gibt man etwas Milch hinzu.

Anisplätzchen

250 Gramm Zucker, 4 ganze Eier. Dies wird auf gelindem Feuer gerührt, bis es Blasen wirft und heiß ist; es darf aber nicht kochen. Etwas erkaltet, gibt man gut ausgesuchte Anissamen und 250 Gramm Mehl hinein, setzt auf schmalzbestrichenen Blechen kleine Kugeln auf, lässt sie über Nacht stehen und bäckt sie flott, damit sie aufgehen, und einen Untersatz bekommen, ganz hell.

Anisschnittchen

Zu 125 Gramm gestoßenem Zucker nimmt man 9 ganze Eier, welche zuvor tüchtig zu schlagen sind, rührt dies eine Zeit lang, mischt dann 125 Gramm Mehl darunter und 1 Handvoll Anis hinein, bestreicht das Blech mit Wachs, verteilt den Teig etwa 1 kleinen Finger dick darauf und bäckt ihn gelb. Dann schneidet man fingerlange Riemchen, legt dieselben auf die Seite wieder auf das Blech und röstet sie gelb, dass sie von allen Seiten gleichmäßig gebacken sind.

Bärentätzli

1 Pfund süße, ungeschälte, gestoßene Mandeln, 1 Pfund feiner Zucker, 187 Gramm Orangenschale, fein geschnitten, 30 Gramm Zimt, etwas gestoßene Nelken, 3 Eiweiß und so viel kaltes Wasser, dass sich der Teig kneten lässt. Hiervon macht man einen festen Teig, rollt ihn aus und sticht beliebige Figuren davon aus, wenn man keine Bärentatzen-Form hat. Solche kann man sich aber billig vom Klempner machen lassen; die Klauen stechen sich gut aus und sind hübsch deutlich. Nach dem Backen kann man eine Glasur von Zucker und Orangenblütenwasser darüber geben und schiebt die Sachen zum Trocknen nochmals in den Ofen. Das Backwerk muss weich bleiben.

Baseler Gebackenes

250 Gramm gestoßener Zucker, 1/2 Weinglas Rosenwasser, 5 Eier, 190 Gramm süße Rahmbutter; diese lässt man zergehen und rührt sie mit dem anderen wohl durcheinander, rührt auch ein wenig Salz dazu und streut so viel feines Mehl hinein, bis der Teig nicht mehr an der Hand hängen bleibt; es bedarf ungefähr 625 Gramm. Danach wird der Teig ausgerollt, in Formen ausgedrückt und in Schmalzbutter gebacken.

Biskuits (Englische I.)

150 Gramm Butter, 550 Gramm Zucker, 5 Eier, 1 Päckchen Vanillin, 1/2 Liter (knapp), saure Sahne, 10 Gramm Backpulver, 2 – 2 1/2 Liter Mehl. Hiervon lässt man etwas Mehl zum Auswelgern zurück. Alles dies verarbeitet man gut untereinander, rollt einen Teil der Masse nicht gar zu dünn aus, drückt dies auf ein Reibeisen, sticht mit einem kleinen Glase Plätzchen aus und bäckt sie hellgelb. So fährt man fort, bis der Teig verbraucht ist. In ein Mullläppchen tut man etwas Mehl, bindet es ab und betupft mit diesem Knauf das Reibeisen, damit der Teig nicht anklebt.

Biskuits (Englische II.)

125 Gramm Butter, 4 Eier, 750 Gramm Mehl, 1 Teelöffel voll Hirsch-hornsalz, die abgeriebene Schale 1 Zitrone, oder nach Belieben 1 Päck-chen Vanillezucker.

Hiervon macht man einen Teig, knetet ihn gut durch, rollt ihn aus, sticht runde, nicht gar zu dünne Plätzchen aus, drückt sie auf ein Reib-eisen und bäckt sie schön gelb.

Butterplätzchen

200 Gramm geschmolzene Butter, 4 ganze Eier, 500 Gramm gesiebtes Mehl, 375 Gramm gestoßener Zucker, abgeriebene Schale und Saft 1/2 Zitrone und 1 Messerspitze Hirschhornsalz; dies wird tüchtig vermengt, beliebige Formen davon ausgestochen, eine Nacht an einen kühlen Ort gestellt und dann in heißem Ofen gebacken.

Butterringel
(zum Verwenden von Eigelb)

90 Gramm schaumig gerührte Butter wird mit 1 Ei und 5 Eigelb, 250 Gramm feinem Zucker, 250 Gramm Mehl und der abgeriebenen Schale 1 Zitrone vermischt. Man knetet die Masse tüchtig, rollt sie und sticht kleine Kränze aus, die mit verschlagenem Eiweiß oben bestri-chen und mit Hagel oder grobem Zucker bestreut werden. Man bäckt sie auf Wachs bestrichenem Blech in nicht zu heißem Ofen goldgelb.

Butter-S

250 Gramm Butter, 125 Gramm Mehl, 125 Gramm Zucker wird untereinandergemengt, 4 Eidotter dazu genommen, dann macht man Würstchen daraus, bestreicht sie mit klarem Eiweiß, taucht sie in

Zucker und Zimt und bäckt sie in einem ziemlich heißen Ofen; diese Portion gibt, richtig eingeteilt, 40 Stück.

Weniger fette Butter-S

375 Gramm Mehl, 250 Gramm Butter, 125 Gramm Zucker, 5 – 6 Eigelb, hiervon macht man einen gut verarbeiteten Teig, rollt ihn und macht hübsch geformte S daraus, die man in einem heißen Ofen flott bäckt.

Eierkränze
(zum Verwenden von Eigelb)

7 – 9 Eidotter, je nach der Größe, tut man in ein Gefäß, dieses lässt man in einem Kessel mit kochendem Wasser so lange stehen, bis das Eigelb fest geworden ist. Die Eidotter zerdrückt man gut, gibt 1 ganzes rohes Ei, 250 Gramm Butter, 250 Gramm Zucker, 500 Gramm Weizenmehl hinzu, knetet alles gut durch, formt Würstchen, die man zu kleinen Kränzen schließt, bestreicht sie mit Ei, bestreut sie mit Zucker und Zimt und bäckt sie flott goldgelb bei guter Hitze.

Einfaches Teegebäck

1/2 Liter Milch, 4 Eier, 125 Gramm Butter, 375 Gramm Zucker. Als Gewürz nimmt man nach Belieben Vanille, Zitrone oder Zimt. Nachdem man Obiges gut gerührt hat, gibt man so viel Mehl hinein, dass der Teig zum Auswelgern fest genug ist, mischt 2/3 eines Päckchens Backpulver darunter, knetet den Teig tüchtig durch, rollt ihn, sticht Formen aus und bestreicht sie mit Eigelb. In heißem Ofen lässt man das Gebäck flott backen.

Eselsohren

2 Eier, ebenso schwer Zucker und Mehl, dies durcheinandergerührt, mit etwas gestoßenem Zimt gewürzt, streicht man löffelweise ganz dünn auf eine mit Wachs bestrichene, runde Kuchenplatte. Hellbraun gebacken, schneidet man den kleinen Kuchen in 4 Teile, nimmt diese flink herunter, solange sie noch heiß sind, und rollt sie über ein dünnes Rollholz oder einen sauberen Besenstiel, dass sie etwas gebogen werden.

Diese Portion gibt eine große Schüssel Eselsohren (auch Hobelspäne genannt); sie eignen sich als Beigabe zu Creme oder Pudding, müssen aber, da sie in kürzester Zeit die Feuchtigkeit der Luft anziehen und infolgedessen weich und ungenießbar werden, sofort nach dem Backen bis zum Gebrauch in einer Blechdose aufbewahrt werden.

Fastenbrezeln

750 Gramm Mehl, 200 Gramm Butter, 4 Eier, 20 Gramm gestoßener Zimt, etwas Salz, reichlich 1/4 Liter Wasser.

Man lässt die Butter in dem Wasser auf dem Feuer schmelzen und rührt sie mit den übrigen Sachen zu einem festen Teig, den man an einem kühlen Ort über Nacht stehen lässt.

Am anderen Morgen verarbeitet man den Teig tüchtig, formt 1 Zentimeter dicke, handgroße Brezeln, kocht diese einige Minuten in einem Topf mit Wasser, bis sie obenschwimmen, hebt sie sofort in kaltes Wasser und legt sie zum Abtrocknen auf ein Tuch. Sobald die Brezeln getrocknet sind, bestreicht man sie mit kaltem Wasser und bäckt sie in heißem Ofen dunkelgelb.

Feines Spekulatius

1 Pfund Zucker, 1 Pfund Mehl, 187 Gramm Butter, 4 Eier, 1 Teelöffel Zimt. Dies wird gut untereinander verarbeitet, dünn ausgewellt und in Formen ausgestochen, dann in mittlerer Ofenhitze hellgelb gebacken.

Frankfurter Brenten Nr. 1

250 Gramm abgezogene Mandeln stößt man recht fein mit Rosenwasser, vermischt sie mit 250 Gramm Zucker und röstet die Masse, bis sie ziemlich trocken ist. Nun verarbeitet man 250 Gramm gestoßenen Zucker, 75 Gramm Mehl und ein wenig Zimt mit der abgerührten Masse, welgert sie aus, drückt den Model darauf, lässt die Stückchen über Nacht stehen und bäckt sie bei gelinder Hitze gelblich.

Frankfurter Brenten Nr. 2 (vorzüglich)

1 Kilo geschälte Mandeln reibt man fein, mischt 500 Gramm fein gestoßenen Zucker darunter und 4 Esslöffel Rosenwasser; dies röstet man auf gelindem Feuer in einem weiten Topfe, unter beständigem Umrühren, so lange bis nichts mehr am Finger hängen bleibt, wenn man die Masse berührt. So wie sie anfängt gelb zu werden, stellt man sie vom Herd; abgekühlt, rührt man 2 zu Schnee geschlagene Eiweiß dazu und verarbeitet 375 Gramm Zucker hinein; 125 Gramm Zucker lässt man zum Auswelgern zurück. Dann bestreut man den Model mit Zucker und drückt ihn auf den fingerdick ausgewellten Teig. Bis zum anderen Tag lässt man die Brenten stehen und bäckt sie auf butterbestrichenem Blech ganz hellgelb.

Formengebäck

500 Gramm durchgesiebter Zucker, 4 Eier, 1 1/2 Teelöffel voll Zimt, die abgeriebene Schale 1 Zitrone. Dies verrührt man tüchtig miteinander, dann knetet man 188 Gramm Butter und 500 Gramm Mehl darunter, verarbeitet den Teig ordentlich, lässt ihn über Nacht stehen, welgert ihn talerdick aus, sticht Formen aus und bäckt sie flott in heißem Ofen goldgelb.

Geduld-8-Plätzchen

6 ganze Eier, 225 Gramm Zucker, 6 Teelöffel Zimt die abgeriebene Schale von 3/4 Zitrone und 325 Gramm Mehl. Von diesem Teig bäckt man auf gut angestrichenem Blech Plätzchen wie obige Form (8). Die Hälfte dieser Masse, da die Plätzchen ganz klein sein müssen, gibt schon eine große Portion.

Geschwind-Kreppel

50 Gramm Zucker, 1 ganzes Ei, 50 Gramm Butter, 150 Gramm Mehl, 2 Esslöffel Rosenwasser oder Milch, 5 Gramm Backpulver. Hiervon macht man einen Teig, der recht steif sein muss, man darf noch Mehl hineinverarbeiten, wenn er am Backbrett anklebt. Auch streue man reichlich Mehl beim Ausrollen auf das Brett. Alsdann welgert man den Teig 2-messerrückendick aus, teilt ihn mit dem Backrädchen in eckige, 5 Zentimeter lange Stückchen, die man, schwimmend in recht heißem Schmalz, flott goldgelb bäckt. Erkaltet, bestreut man sie mit Zucker und Zimt. Will man die Kreppel weniger gut machen, nimmt man 250 Gramm Mehl, etwas mehr Milch und 1/2 Backpulver und rollt sie dicker aus.

Hobelspäne

250 Gramm Zucker, 500 Gramm Mandeln, beides fein gestoßen, 6 ganze Eier, etwas Zimt, die Schale 1 Zitrone und 1 Messerspitze gestoßene Nägelchen. Dies alles verrührt man tüchtig, welgert den Teig dünn aus und bäckt ihn langsam goldgelb. Dann schneidet man 2-fingerbreite Stückchen und biegt sie möglichst flink, wenn sie noch heiß sind, über dem Rollholz.

Ingwerplätzchen

Man nimmt etwas Ingwerwurzel, stößt sie im Mörser recht fein, formt die Plätzchen von der bei „Vanilleplätzchen" beschriebenen Masse, nur, dass man statt der Vanille Ingwer nimmt. Der Ingwer muss sehr stark vorschmecken, da die Kraft beim Backen sehr verloren geht, man tut deswegen nicht leicht zu viel hinein. Im Übrigen verfährt man nach der bei „Vanilleplätzchen" angegebenen Weise.

Justus-Meele

200 Gramm Butter zu Sahne gerührt, 6 Eier, 1 Pfund Stampfzucker, etwas Vanille, 1/8 Liter lauwarme Milch und so viel Mehl, dass der Teig nicht zu steif zum Rollen wird. Dann sticht man beliebige Formen aus, lässt diese über Nacht auf dem Backbrett stehen, bestreicht sie mit Milch und bäckt sie auf butterbestrichenem Blech schön gelb.

Korinthen-Platz[8] Nr. 1

625 Gramm Mehl, 750 Gramm gut ausgesuchte Korinthen, 125 Gramm gestoßener Zucker, 4 Eier, 6 Esslöffel geschmolzene Butter, 40 Gramm trockene Hefe, 20 Gramm Zimt, ein wenig Salz und Milch.

---

8   Anm. des Verlags: kleiner, flacher Kuchen; heute eher Plätzchen.

Dies alles wird vor dem Anrühren an einen warmen Ort gestellt, dann rührt man die Eier und die Hälfte der Hefe mit der Hälfte Mehl und Milch zu einem festen Teig, lässt die Masse aufgehen und tut das Übrige dazu; zum Anrühren für die ganze Portion rechnet man ungefähr 1/4 Liter Milch. Man schlägt den Teig tüchtig und verarbeitet ihn dann mit der Hand, bis er Blasen wirft.

Dann formt man den Teig zu einem runden Platz, lässt ihn in einer ausgestrichenen Form 1 – 1 1/2 Stunden aufgehen, bestreicht ihn mit einem verdünnten, mit Zucker vermischten Ei und lässt den Platz bei starker Hitze 1 Stunde backen.

Korinthen-Platz Nr. 2

1 Kilo Mehl, 250 Gramm Butter, 3 Eier, 50 Gramm gut ausgesuchte, gewaschene und wieder getrocknete Korinthen, 125 Gramm Zucker, 1/2 Liter Milch und für 6 Pfg. trockene Hefe und etwas Salz. Dies rührt man nach vorhergehender Angabe und bäckt den Korinthenplatz genau so.

Krokantkrapfen

250 Gramm geschälte, abgetrocknete Mandeln schnitzelt man nicht zu fein und röstet sie in einem Stückchen Butter gelb. Dann rührt man 225 Gramm gestoßenen und gesiebten Zucker mit 4 Eiern 1/2 Stunde, tut 8 Gramm Zimt, eine kleine halbe geriebene Muskatnuss, 200 Gramm feines Mehl und die gerösteten Mandeln dazu und setzt auf ein mit Butter bestrichenes Blech weitläufig kleine Berge auf. Diese bäckt man in nicht zu heißem Ofen schön gelb.

Mailänder Backwerk

Man verrührt 2 Eier mit 250 Gramm Zucker, 250 Gramm Mehl und 200 Gramm Butter, gibt 3 Hände voll abgezogene, kleingeschnittene

Mandeln hinein, vermengt dies gut, rollt den Teig und sticht Formen davon aus, bestreicht diese mit Eiweiß und drückt in die Mitte 1/2 Mandel. Dann bäckt man die Sachen flott in heißem Ofen, aber nicht zu dunkel.

Makronenkränze

Von der unter „Makronenberg" beschriebenen Masse formt man kleine Kränze, bäckt sie, auf Oblaten gestrichen oder nach Angabe, hellgelb auf einem mit Butter versehenen Blech. Der Durchmesser der Kränzchen darf nur 3 Zentimeter betragen, damit sie zierlich aussehen. Innen müssen sie noch weich sein und dürfen nicht in zu heißem Ofen backen.

Mandelkränze

1 Pfund Mandeln, 1 Pfund Zucker, 25 Gramm Zimt, 5 Eiweiß. Die Mandeln werden mit der braunen Schale fein gestoßen. Zum Welgern nimmt man etwas Mehl aufs Brett, formt kleine Kränze von dieser Masse und lässt sie nicht zu hart ausbacken.

Marburger Backwerk

250 Gramm ausgewaschene Butter, 125 Gramm durchgesiebter Zucker, 2 ganze Eier, etwas abgeriebene Zitrone, 375 Gramm Mehl und etwas fein gestoßener Zimt. Dies alles wird gut vermengt, nicht zu dünn gerollt, ausgestochen und langsam gebacken; dann kommt ein Zuckerguss darüber. Hierzu nimmt man das Weiße von 2 Eiern, rührt dies mit 4 Esslöffeln Zucker 1/2 Stunde lang, bestreicht das Backwerk damit und legt es zum Trocknen wieder in den Ofen.

Muskatherzchen

125 Gramm Mandeln werden mit *Double fleur d'orange* gestoßen, 125 Gramm gestoßener Zucker, 10 Gramm Zimt, 4 gestoßene Nägelchen, 2 ganze Eier, 1 Teelöffel Muskatblume und Mehl, so viel man hineinkneten kann, um den Teig auszurollen. Aus dieser Masse sticht man mit der Blechform Herzchen aus und bäckt sie schön gelb.

Nussplätzchen (vorzüglich)

225 Gramm fein gestoßene oder gemahlene Haselnusskerne, 300 Gramm gestoßener Zucker, 2 Eiweiß, 8 Zwiebäcke, 3/4 Tasse Wasser. Zucker und Haselnüsse werden mit dem Wasser über dem Feuer gerührt, dann gibt man den gestoßenen Zwieback und den Eierschnee hinzu und bäckt, wenn die Masse ein wenig abgekühlt ist, auf mit Wachs bestrichener Platte, mit einem Teelöffel aufgesetzte kleine Plätzchen.

Pfeffernüsse Nr. 1

1 Pfund gestoßener Zucker, 4 Eier, 60 Gramm fein geschnittenes Zitronat, 1 Messerspitze weißer Pfeffer, 1/2 Teelöffel gestoßene Nelken, ebenso viel Muskatblüte, 1 Teelöffel Zimt, die abgeriebene Schale 1 Zitrone und 1 Messerspitze gereinigte Pottasche. Wenn man dies ordentlich verrührt hat, gibt man so viel Mehl hinein, bis der Teig steif genug zum Ausrollen ist; man rechnet ungefähr 1 Pfund Mehl dazu. Mit einem Likörgläschen sticht man den fingerdick ausgewellten Teig aus und lässt die Pfeffernüsse, nachdem sie einige Stunden gestanden haben, auf butterbestrichenem Blech langsam backen.

Pistazienspäne

250 Gramm geschälte, grüne Pistazien stößt man recht fein, tut 200 Gramm Zucker dazu, rührt den steifen Schnee von 2 Eiern darunter und streicht diese Masse auf 2-fingerbreite und 1-fingerlange Oblatenstreifen, lässt diese über Nacht liegen und bäckt sie am folgenden Tage, über ein dünnes Rollholz gelegt, damit sie gebogen werden, auf einem Blech in einem mäßig warmen Ofen.

Man kann auch Mandeln nehmen und die Masse mit etwas Cochenille rosa färben.

Schaumbackwerk

4 Eiweiß schlägt man zu festem Schaum, gibt 1 Paketchen Vanillin dazu und rührt so viel gestoßenen Zucker darunter, dass man die Masse auswelgern kann. Diese Masse teilt man in 3 Teile, färbt die erste Portion mit etwas Cochenille rosa, die zweite mit 50 Gramm geriebener Schokolade braun, die dritte lässt man weiß. Jede Portion wellt man besonders aus, sticht den Teig mit Förmchen aus und bäckt ihn bei schwacher Hitze. Kinder lieben dies leicht verdauliche Gebäck sehr.

Schmalz-Dreieckchen

3 Eier, ebenso schwer Zucker und 1 Ei dick Butter.

Dies wird ordentlich gerührt, dann so viel Mehl hineingeknetet, dass man den Teig ausrollen kann; mit einem Rädchen sticht man nun Dreiecke aus und lässt dieselben in Schmalzbutter schön gelb backen. Nach dem Abträufeln bestreut man sie mit Zucker und Zimt.

Schokoladenplätzchen

150 Gramm Zucker, 5 Eidotter, 75 Gramm mit der braunen Schale gestoßene Mandeln, 4 Esslöffel gut geriebene Vanilleschokolade, 75 Gramm Mehl, 2 Eiweiß zu Schnee geschlagen.

Hat man das alles gut verrührt, setzt man teelöffelweise die Masse auf butterbestrichene Bleche und bäckt sie in nicht zu heißem Ofen.

Schwäbische Brezeln

125 Gramm Butter, 200 Gramm Zucker, 250 Gramm Mehl, 1/2 Weinglas voll Rosenwasser, 2 Eier. Dies verarbeitet man zu einem Teig, formt Brezelchen daraus, bestreicht sie mit verkleppertem Ei und bäckt sie bei starker Hitze gelb. Sie halten sich lange.

Spritzgebackenes

190 Gramm geschmolzene, ungesalzene Butter, 500 Gramm Wasser, 320 Gramm feines Mehl, 6 – 7 Eier.

Die Butter wird mit dem Wasser aufs Feuer gesetzt, wenn es kocht gleich abgesetzt und das Mehl darunter gerührt, wieder aufs Feuer gesetzt und so lange gerührt, bis sich die Masse im Ballen vom Topfe löst. Hierauf lässt man den Teig etwas abkühlen und rührt die Eier hinzu. Von dieser Masse füllt man die Spritze und lässt in die kochende Schmalzbutter fingerlange Stücke gleiten, die man schön gelb backen lässt. Unterdessen legt man auf Porzellanschüsseln mit Einlegern, wenn man solche hat, weißes Löschpapier und lässt die Spritzkuchen hierauf abtröpfeln, damit sie nicht zu fett sind. Heiß bestreut man sie mit feinem gesiebtem Zucker. Dieses Backwerk ist ganz vorzüglich. Wenn es genau nach Vorschrift gemacht wird, gerät es immer; es muss ganz luftig sein und beim Backen dick auflaufen und Blasen werfen. Diese Portion füllt 2 Backwerk-Schalen.

Vanilleplätzchen

1 Pfund Mehl, 1 Pfund gestoßenen Zucker, 7 Eier, wenn sie klein sind 8, ziemlich viel Vanille oder Vanillezucker und Eidotter rührt man eine Weile, gibt nach und nach das Mehl hinein und den recht steifen Eierschnee. Diese Masse setzt man teelöffelweise auf wachsbestrichenes Blech und bäckt die Plätzchen hellgelb.

Vanillestangen

125 Gramm Butter, 125 Gramm Zucker, 125 Gramm Mehl, 125 Gramm mit der Schale gewogene Eier, 1 Päckchen Vanillezucker. Die Butter, den Zucker und die Eidotter rührt man 1/2 Stunde, dann fügt man das Mehl, den festen Schnee der Eier und den Vanillezucker hinzu und füllt von dem Teig 1 Teelöffel voll in die gut mit Butter ausgestrichene Form. Die Stangen bäckt man bei mäßiger Hitze goldgelb. Hierzu hat man ein besonders treppenartig geformtes Backblech. Das Blech ist 35 Zentimeter lang und 12 Zentimeter breit.

Weihnachtsanis

5 ganze Eier, 375 Gramm gestoßener Zucker, ebenso viel Mehl, 1 Messerspitze Hirschhornsalz.

Zucker und Eier rührt man 1 ganze Stunde, gibt das gesiebte Mehl nach und nach hinein und rollt den Teig auf dem bestäubten Backbrett 1/2-fingerdick aus. Dann stäubt man die Formen fein mit Mehl aus, drückt sie auf den Teig, schneidet die Figuren sauber aus und legt sie auf ein mit Anis bestreutes Brett, wo sie einen Tag und eine Nacht trocknen müssen; man legt sie zu diesem Zweck einmal auf die andere Seite.

Anderen Tags bäckt man sie auf wachsbestrichenem Blech in mäßig warmem Ofen, sodass sie von oben hellweiß bleiben.

Gutes Weihnachtsspekulatius

5 Pfund Mehl, 2 1/2 Pfund Zucker, 1 Pfund Butter, 9 Eier, 3 Teelöffel Zimt, 2 Muskatnüsse, fein gerieben, zwei Messerspitzen, etwa 1/2 Teelöffel gestoßene Nägelchen, 1 Messerspitze Hirschhornsalz. Hiervon macht man einen Teig, behält etwa 1/2 Pfund Mehl zurück zum Streuen, rollt den Teig nicht zu dünn aus, nimmt entweder Holzformen zum Ausdrücken oder Blechformen zum Ausstechen. Dann lässt man das Spekulatius hellgelb backen. In einer Porzellanschüssel oder einer Blechbüchse kann man es wochenlang frisch erhalten.

Weiß-Mandel-Pflaster

Zu 125 Gramm gestoßenem Zucker nimmt man 125 Gramm abgezogene, gestoßene Mandeln, 2 Eier, 200 Gramm Mehl, etwas feinen Zimt, die Schale und den Saft 1 Zitrone. Wenn die Eier tüchtig geschlagen sind, tut man das Übrige hinein, schlägt es noch eine Weile, streicht die Masse auf Oblaten und bäckt sie langsam, aber nicht braun.

Zeltlein

4 Eiweiß schlägt man zu Schnee und rührt sie mit 125 Gramm gestoßenem Zucker 1 Stunde, dann reibt man die Schale 1/2 Zitrone dazu, tropft auch etwas von dem Zitronensaft hinein und rührt vor und nach 100 Gramm feines Mehl zur Masse. Ein Backblech bestreicht man mit Butter und lässt von dem Teig, mittelst eines Kaffeelöffels oder eines Trichters, Tropfen auf das Blech fallen. Damit sie sich ausbreiten können, lässt man genügend Zwischenraum. Nun streut man mit einem Sieb Zucker über die Zeltlein, lässt sie 1 Stunde stehen und bäckt sie hellgelb.

Zimtsterne

375 Gramm Zucker, Schnee von 4 – 5 Eiern; dies rührt man 1/2 Stunde, setzt etwas davon beiseite zum Bestreichen und gibt 250 Gramm mit der braunen Schale gemahlene Mandeln, 1 Kaffeelöffel voll vom besten Zimt und die abgeriebene Schale 1 Zitrone hinzu. Auf einem mit Mehl bestäubten Backbrett wälzt man den Teig 1 kleinen Finger dick aus, sticht mit einer Blechform Sterne daraus, bestreicht sie mit dem Guss und lässt sie in nicht zu heißem Ofen auf mit Wachs oder dünn mit ungesalzener Butter bestrichenem Blech backen. Die Zimtsterne müssen inwendig weich bleiben und werden, noch weich, aus dem Ofen genommen, wenn sie von unten gar sind, da sie sehr nachhärten.

Billige Zimtsterne

375 Gramm Zucker, 2 Eiweiß. Die Hälfte des Zuckers rührt man mit dem Schnee der 2 Eier eine gute Weile, setzt einen Teil hiervon beiseite zum Bestreichen. Dann gibt man hierzu 125 Gramm mit der braunen Schale gestoßene Mandeln und 125 Gramm gestoßenen Zwieback, 1 Teelöffel Zimt, die Schale 1/2 Apfelsine fein abgerieben und zum Anfeuchten 2 halbe Eierschalen voll Wasser. Hiervon macht man einen Teig, rollt ihn aus und verfährt damit genau so, wie es in dem vorigen Rezept angegeben wurde.

Zitronenspähne

1 Pfund Zucker fein gestoßen und durch ein Haarsieb gerührt, von 2 Zitronen den Saft und die abgeriebene Schale, das Weiße von 3 Eiern; dies wird so lange gerührt, bis es schneeweiß wird. Alsdann streicht man die Masse auf Oblaten und schneidet fingerlange Streifen davon, die man auf einem Brett hinter dem Ofen langsam trocknet und gibt Acht, dass kein Staub daraufliegt.

Zuckerplätzchen

8 Eier, das Weiße zu Schnee geschlagen, 250 Gramm gestoßener Zucker; dies rührt man 1/2 Stunde, fügt dann 375 Gramm Mehl hinzu und bäckt die Masse teelöffelweise auf butterbestrichenem Blech in nicht zu heißem Ofen.

Zwieback I.

Von übrig gebliebenem „Natron- oder Universumkuchen" schneidet man zwiebackähnliche Stücke, schlägt 1 Eiweiß zu Schnee, reibt 1 gute Handvoll Mandeln mit der braunen Schale, tut etwas Zitronenschale und Zimt darunter und reichlich Zucker, bestreicht mit dem dicklichen Brei die Kuchenstücke und lässt sie im Backofen trocknen. Ist der Brei zu dick, tut man etwas Wasser dazu, das ist besser wie zu viel Eiweiß. Hat man einen Vorrat gewöhnlicher Zwiebäcke im Hause, kann man leicht, wenn unerwarteter Besuch kommt, die Zwiebäcke durch den schmackhaften Guss verfeinern.

KLEINES GEBÄCK UND ANDERE KLEINIGKEITEN

Angels on horseback

Von Sand- oder Biskuittorte schneidet man 1 Zentimeter dicke Scheiben, sticht diese rund in der Weite eines großen Weinglases aus, röstet sie in der Pfanne mit wenig Butter etwas an. Kurz vor dem Servieren legt man 1/2 eingemachte Aprikose mit der runden Seite nach oben in die Mitte eines jeden Kuchens und streicht so, dass die Aprikose frei bleibt, ganz steife geschlagene mit Zucker und Vanille gewürzte Schlagsahne ringsum. Diese süßen Spiegeleier sehen reizend aus und schmecken gut.

Apfelberge

3 Eiweiß schlägt man zu festem Schnee, rührt so viel gestoßenen Zucker hinein, dass die Masse zum Auswelgern[9] fest genug ist. Mit einem Wasserglas schneidet man Böden aus und bäckt sie auf butterbestrichenem und mehlbestreutem Blech so fest, dass sie loslassen, aber innen feucht bleiben. Kleine saure, möglichst gleich große Apfel hält man, holt mit dem Bohrer das Kerngehäuse heraus, füllt die Öffnung mit feingemahlenen, mit Zitronenschale und Zucker vermischten Mandeln und stellt die Äpfel dicht nebeneinander in eine Kasserolle, bestreut sie reichlich mit Zucker, gießt etwas weißen Wein zu und lässt sie weich dämpfen. Unten im Topfe muss sich eine Geleemasse bilden. Auf jeden Boden legt man, wenn die Äpfel erkaltet sind, einen in Gelee gehüllten Apfel und drückt ihn fest an den Boden an.

Apfelschnee

Man sucht gleichmäßig große saure Bratäpfel aus, putzt sie ab, entfernt den Stiel und die Blume, setzt sie dicht nebeneinander in eine Auflaufform, bestreut sie dick mit Zucker, gießt ein wenig weißen Wein

---

9   Anm. des Verlags: wälgern, auch welgern bedeutet, etwas oder speziell einen Teig zu rollen.

darüber und lässt die Äpfel im Backofen gar braten. Unten in der Form muss sich eine Lage Gelee bilden. Hierauf schlägt man von 3 Eiern das Weiße zu steifem Schnee, süßt ihn nach Geschmack, gibt etwas Zitronenschale und gestoßenen Zimt darunter und streicht den Schnee über die gebratenen Äpfel. Man stellt die Form wieder in den Backofen, bis der Schnee oben schön gelb gebacken und gar ist.

Aufgelaufenes Brot

60 Gramm Zucker rührt man mit 4 ganzen Eiern 1/2 Stunde, tut dann 50 Gramm geschälte und gewürfelte Mandeln und 100 Gramm feines Mehl dazu. Ein Backblech bestreut man mit etwas Mehl, setzt von der Masse kleine Berge auf und bäckt sie halb gar. Nun bestreicht man sie mit Eiweiß, streut weißen Hagelzucker darüber und bäckt sie fertig.

Aufgesetzte Makronen

125 Gramm Mandeln ohne braune Schale fein gestoßen, 125 Gramm gestoßener Zucker, 1 Handvoll länglich geschnittenes Zitronat, die kleingeschnittene Schale 1/2 Zitrone. Dies alles wird mit dem Eierschnee von 3, wenn sie klein sind von 4 Eiern, angerührt; dann setzt man von dieser Masse auf runde, talergroße Oblaten 3 Zentimeter hohe Berge auf und bäckt sie bei gelinder Hitze hellgelb.

Aufgezogene Pfannkuchen

Man bäckt mäßig dicke Pfannkuchen, bestreut sie hierauf mit Zucker und Sultanrosinen, schneidet 3-fingerbreite Streifen, rollt sie auf und stellt sie nebeneinander, so dicht wie möglich, in die Auflaufform, streut in die Lücken noch einige Rosinen und geschnittene Mandeln, schüttet so viel Milch darauf, dass die Rollen bedeckt sind und lässt sie im Backofen 1/2 Stunde backen.

Baseler Lebkuchen

Man lässt 125 Gramm braunen Puderzucker mit 1/8 Liter Wasser aufkochen, nimmt den Schaum ab, lässt es ein wenig erkalten, dann rührt man 250 Gramm mit der Schale grob geriebene Mandeln, 60 Gramm Zitronat, 10 Gramm Zimt, 10 Gramm Nägelchen, etwas Zitronenschale, 1/2 geriebene Muskatnuss und 625 Gramm Mehl darunter, dass es ein dicker Teig wird. Ist er ganz kalt, wird er gewirkt, auf einem mit Butter bestrichenen Blech 2-messerrückendick ausgearbeitet und sogleich in Portionen geschnitten, aber beieinander gelassen und in heißem Ofen schnell gebacken. Der Lebkuchen wird oben mit dick gekochtem Meliszucker bestrichen und später voneinandergebrochen.

Bauernhut

Nach Belieben 2 – 3 Eier, ebenso schwer Zucker und Mehl. Erst rührt man die Eier mit dem Zucker, tut dann das Mehl hinein und etwas abgeriebene Zitronenschale hinzu. Ein rundes Kuchenblech bestreicht man mit Butter, streut Zwieback darauf und streicht von dem Teige etwa 1 Untertasse groß dünn darüber. Nach dem Backen nimmt man den kleinen Kuchen ganz warm vom Blech, legt ihn schnell über eine Obertasse, drückt ihn ein wenig an, sodass er die Form eines Bauernhutes erhält und fährt mit dem Backen so fort, bis der Teig verbraucht ist.

Bayerische Dampfnudeln

750 Gramm Mehl; von der Hälfte macht man zunächst einen Teig und rührt mit 1/4 Liter Milch und 3 Esslöffel guter Hefe das Mehl an. Ist dieser Teig gegangen, gibt man 2 Eier, 60 Gramm Butter, ein wenig Zucker und Salz hinein, den Rest des Mehls und so viel Milch, dass es einen festen verarbeiteten Teig gibt. Alsdann setzt man die Schüssel wieder warm und lässt den Teig zum zweiten Male gehen, formt

Klöße daraus und lässt sie nochmals ein wenig aufgehen. Dann lässt man in der Pfanne 1 Stück Butter zergehen, gibt gestoßenen Zucker und 1/4 Liter Milch hinein, lässt dies sieden, legt die Pfanne mit Dampfnudeln aus, schließt die Pfanne gut mit einem Deckel und lässt die Milch ganz einkochen; wenn die Nudeln außen eine bräunliche Kruste haben, sind sie gut.

1/2 Liter Milch, etwas Zucker und Zitronenschale, gekocht, mit 2 Eigelb verrührt, ist eine gute Sauce; ebenso schmeckt gekochtes Obst gut dazu.

Belgrader Brot Nr. 1

1 Pfund Mandeln, 1 Pfund Zucker, 7 Eier, 125 Gramm Butter, 60 Gramm Zitronat, 60 Gramm Pomeranzenschale, 15 Gramm Zimt, 8 Gramm Nelken, fein gestoßen, 625 Gramm Mehl und für 5 Pfg. Pottasche. Von dieser Masse formt man kleine Brote und sticht sie, nach Belieben, mit Formen aus.

Belgrader Brot Nr. 2

250 Gramm Zucker, 250 Gramm Mehl, 250 Gramm mit der braunen Schale gestoßene Mandeln, eine Messerspitze gestoßene Nägelchen, 10 Gramm Zitronat, 15 Gramm Pomeranzenschale, feingeschnitten, 3 ganze Eier, letztere verrührt man mit dem Zucker 1/2 Stunde und fügt dann erst das Übrige hinzu. Man formt von dem Teig 1 kleinen Finger lange, nicht zu dicke Würstchen, macht mit dem Messerrücken Schnitte darüber und bäckt sie nicht zu hart auf mit Wachs bestrichener Platte.

Bergkuchen

Zu diesem Gebäck hat man kleine gezackte Blechformen, eine immer kleiner wie die andere, der Satz besteht gewöhnlich aus 5 Stück.

125 Gramm Butter rührt man schaumig, tut 200 Gramm Zucker und 6 Eigelb dazu und rührt dies 20 Minuten, gibt dann 500 Gramm Mehl vor und nach hinein, verarbeitet den Teig gut, rollt ihn dünn, sticht die Kuchen aus und bäckt sie goldgelb. Dann bestreicht man die Kuchen mit Marmelade, damit sie aufeinanderbleiben. Dies Gebäck sieht sehr hübsch aus.

Berliner Pfannkuchen

500 Gramm Mehl, 125 Gramm Butter, 100 Gramm Zucker, 4 Eier, 15 Gramm gestoßene bittere Mandeln, für 6 Pfg. Hefe, Milch nach Gutdünken, etwa 1/4 Liter. Man tut in einen Topf etwas Zucker, Milch, 1/2 Glas Rum, Mehl und die kleingebröckelte Hefe und lässt an einem warmen, nicht zu heißen Ort diese Masse tüchtig gären.

Inzwischen rührt man den übrigen Teig ein. Man reibt die Butter zu Sahne, schlägt die Eigelb hinein, ebenso Zucker und Mandeln, dann Mehl und Milch, zuletzt den Eierschnee. Der Teig muss blasig, mehr dünn als fest sein, die Hefenmasse muss vor dem Schnee hinzugefügt werden. Dann rollt man den Teig 1/2-fingerdick aus, nimmt ein Weinglas und zeichnet damit Ringe auf die Hälfte des ausgerollten Teiges. In diese Ringe legt man 1 Teelöffel Himbeermarmelade oder sonst feines Eingemachtes, doch darf es nicht zu dünn sein, damit es nicht ausläuft, und schlägt die andere Hälfte des Teiges darüber. Jetzt nimmt man dasselbe Glas in Mehl getaucht und sticht die Pfannkuchen, welche durch die Erhöhungen, die sie durch die Marmelade erhalten, leicht als vereinzelt erkenntlich sind, aus, legt sie an einen warmen Ort auf ein mit Mehl bestäubtes Brett und lässt sie tüchtig aufgehen, bäckt sie alsdann in Schmalzbutter und bestreut sie heiß mit Zucker.

Blätterteigtörtchen

Von der in „Zuckerplätzchen" beschriebenen Blätterteigmasse nimmt man von dem dünn ausgewellten Teig, schneidet viereckige Stücke, legt in die Mitte etwas feines Eingemachtes, möglichst trocken, damit der Saft beim Backen nicht ausfließt, schlägt sie im Dreieck zusammen, bestreicht sie mit Ei und bäckt sie im heißen Ofen. Das Blech wird mit Wasser bestrichen. Bevor man die viereckigen Stücke zuklappt, bestreicht man die beiden unteren Seiten dünn mit Wasser und drückt die offenen Seiten des Dreiecks fest aufeinander.

Borsdorfer Äpfelauflauf

12 Äpfel schält man, reibt sie und schüttet sie zu 125 Gramm gestoßenem Zucker, damit sie nicht rot werden; dann fügt man die abgeriebene Schale 1/2 Zitrone, 9 Eidotter und den Eierschnee hinzu, rührt die Masse 20 Minuten, füllt sie in die mit Butter ausgestrichene Auflaufform und bäckt sie in nicht zu heißem Ofen 1 knappe Stunde.

Butterbrötchen

250 Gramm ungeschälte, gemahlene Mandeln, 190 Gramm Zucker, die fein geschnittene Schale 1 Zitrone, Näglein, Zimt, Muskatblüte, von jedem 1 Messerspitze, dies alles rührt man untereinander mit 3 Esslöffel frischem Wasser; dann streut man Mehl und Zucker auf ein Backbrett, wirkt sie darauf, wälzt den Teig 2-messerrückendick aus, sticht ihn mit einem Weinglase aus und schneidet das Ausgestochene in 2 Teile wie einen Halbmond. Nun wird 1 kleine Tafel Schokolade gerieben, mit ein wenig Zimt und Wasser zu einem Brei angerührt, das Brot am Rande damit bestrichen und in nicht zu starker Hitze gebacken. Hierauf siebt man 125 Gramm feinen Zucker, verrührt ihn mit einem Eierschaum, tut etwas Zitronensaft dazu, bestreicht das Brot damit und trocknet es vorsichtig, damit der Guss recht weiß bleibt.

Dresdner Stollen (sehr gut)

1 1/4 Kilo Mehl, 500 Gramm Butter, 3/4 Liter Milch, 250 Gramm Zucker, 500 Gramm Sultanrosinen, 125 Gramm geschälte, geriebene

Mandeln, 1 Teelöffel Salz, 1/2 Teelöffel voll Kardamom, 1/2 Teelöffel voll Muskatblüte, 2 Esslöffel voll Rum, 90 Gramm Hefe. Zuerst löst man die Hefe in lauwarmer Milch und macht einen Vorteig von etwas Mehl, Milch und der Hefe. Unterdessen rührt man die Butter zu Sahne, gibt die vorerwähnten Zutaten hinein und den Vorteig, wenn er gegangen ist. Diesen Teig schlägt und verarbeitet man bis er Blasen wirft und lässt ihn dann aufgehen. Ist dies geschehen, formt man einen oder nach Belieben zwei Stollen aus der Masse und bestreicht sie mit Eigelb. Ehe der Stollen ganz fertig gebacken ist, bestreicht man ihn mit Butter, streut dick Zucker darüber und schiebt ihn noch 1/4 Stunde in den Backofen.

Fastenspeise

Gute Äpfel werden dünn geschnitzelt, in einem Topf mit halb Wasser, Wein und Zucker weich gekocht. Dann kocht man selbstgemachte Nudeln in Salzwasser ab und lässt sie trocken ablaufen. Hierauf streicht man die Auflaufform mit Butter aus, streut Zwiebackkrumen hinein, legt zu unterst eine Lage Nudeln, dann Äpfel, streut Zucker, Zimt, Sultanrosinen, Zitronenschale und Zimt darüber. Dann folgt wieder eine Lage Nudeln, auf diese legt man kleine Butterscheiben. Ist die Form gefüllt, die oberste Lage muss Nudeln sein, streut man Weckkrumen[10] darüber, legt abermals Butterstückchen auf und lässt den Auflauf 1/2 Stunde backen. Zum Nudelteig rechnet man auf jede Person 1 Ei. Man verkleppert[11] die Eier tüchtig, salzt nicht zu schwach und verarbeitet so viel Mehl in die Masse, dass man dieselbe welgern kann. Der Nudelteig muss dehnbar sein, ja nicht zu steif, sonst werden die Nudeln nicht locker. Sind die ausgewellten Stücke angetrocknet, schneidet man sie in schmale Streifchen und kocht die Nudeln in reichlich Wasser mit Salz ab.

---

10 Anm. des Verlags: Weckkrumen sind Brösel von trockenem Brot (siehe Weckmehl).

11 Anm. des Verlags: verkleppern bedeutet, Eier mit einer Gabel durch heftiges Schlagen zu vermischen.

Gebackene Cremeschnitten

Man verrührt 8 ganze Eier mit 1/2 Liter süßem Rahm, 2 Esslöffeln Zucker und etwas Salz und Vanille, setzt dies auf das Feuer und gibt vorsichtig 2 Kochlöffel, etwa 100 Gramm feines Mehl hinein und lässt dies unter beständigem Rühren zu einer ganz dicken Creme kochen. Etwas abgekühlt, breitet man die Masse auf einer mehlbestreuten Platte oder Brett 1-fingerdick aus, lässt sie erkalten, schneidet 1-finger-lange und 3-fingerbreite Stücke daraus, wälzt sie im Mehl um, bäckt sie in heißem Schmalz und bestreut sie noch warm mit Zimt und Zucker. Man kann auch kleine runde Kuchen von der Masse ausstechen und dieselben statt Pastetchen verwenden.

Gefüllte Brötchen

Man nimmt 3-Pfennig-Brötchen, bricht sie durch und höhlt sie aus. Dann macht man das Füllsel von abgezogenen, gestoßenen Mandeln, Zucker, abgeriebener Schale und Saft 1 Zitrone, etwas fein geschnittenem Zitronat und 2 Eigelb. Mit dieser steifen Masse füllt man die halben Brötchen, weicht sie etwas in Milch ein, paniert sie mit gestoßenem Zwieback und bäckt sie in Butter schön gelb, bestreut sie mit Zucker und gibt roten Obstsaft, mit etwas Wein angerührt, als Sauce dazu.

Gefüllter Zwieback

Man nimmt runde 1-Pfennig-Zwiebäcke, sucht ein Unterteil und ein Oberteil passend aus, weicht sie wie „Arme Ritter" in Zucker, Milch und 1 zerquirltem Ei ein und bäckt sie in Butter in der Pfanne hellbraun. Dann belegt man das Unterblatt reichlich mit Fruchtmarmelade und legt das Oberteil darauf, bestreut sie mit Zucker und Zimt und gibt sie warm zur Tafel.

Gewürzteig

Zu 250 Gramm gestoßenen Mandeln nimmt man 200 Gramm Zucker, 35 Gramm Mehl, 30 Gramm Zimt, 8 Gramm Nägelchen, 30 Gramm frische Butter, die abgeriebene Schale 1 Zitrone und 3 Eigelb. Dieses arbeitet man tüchtig durcheinander, rollt es aus und sticht Formen von Haselmännern aus, bäckt sie aber nicht so heiß, damit sie die Form behalten.

Grießmehl-Makronen

3 Eiweiß werden mit 250 Gramm Zucker 1/4 Stunde gerührt, dann gibt man 125 Gramm ohne braune Schale gestoßene Mandeln und 125 Gramm Grießmehl hinzu. Dies lässt man 1 Stunde stehen und bäckt davon auf einer mit Butter bestrichenen Platte kleine Kuchen hellgelb.

Haselnuss-Schnitten

12 zu steifem Schnee geschlagene Eiweiß rührt man mit 750 Gramm Staubzucker und zwei 10-Pfg.-Päckchen Vanillezucker 1/2 Stunde. Von dieser Masse stellt man 6 Esslöffel voll für den Guss zurück. Dann rührt man 375 Gramm Haselnusskerne und 375 Gramm geschälte Mandeln, nicht zu fein gemahlen, darunter, welgert die Masse kleinfingerdick aus, schneidet sie mit dem Backrädchen in Stückchen, bestreicht sie mit dem Guss und bäckt sie nicht zu hart. Die Backbleche reibt man mit Wachs ein.

Hirschhörner

200 Gramm Mehl, 80 Gramm Zucker, ein wenig Zimt und Zitronenschale macht man mit 4 Eiern zu einem Teig, formt auf dem Backbrett dünne fingerlange Würstchen, die an dem oberen Ende etwas

spitz zulaufen und einem Hirschhorn ähnlichsehen, und bäckt sie in Schmalzbutter schön gelb.

Hobeldüten

125 Gramm Mehl, 5 Gramm Zimt, 60 Gramm Butter, 1/4 Liter süße Sahne, 60 Gramm Zucker, 1 ganzes Ei.

Nachdem man das Mehl mit der Sahne klar gerührt hat, tut man die geschmolzene Butter, Zimt und Zucker dazu, rührt alles gut um, macht das kleine Waffeleisen heiß und reibt es mit Speck aus. Die Waffeln bäckt man über Holzfeuer oder auch auf dem Kohlenfeuer, stellt dann aber einen Dreifuß darüber und legt das Eisen beim Backen darauf. Wenn man die Waffeln herausnimmt, formt man schnell eine Düte[12] daraus. Vor dem Servieren füllt man die Düten mit fester Schlagsahne und richtet sie auf einer Schüssel so an, dass die Spitzen der Düten nach inwendig liegen.

Käsekeulchen

Für 20 Pfg. Käsematte (Quark), 4 ganze Eier, 5 – 6 Esslöffel Mehl, nach Bedarf noch etwas mehr, für 5 Pfg. geriebene Mandeln und ebenso viel Sultanrosinen; dies alles vermischt man, sticht von dieser Masse mit einem Löffel ab und bäckt die Keulchen in einer Pfanne mit Butter goldgelb. Es gibt 15 – 16 Stück.

Kleinbrot

125 Gramm geschälte, gestoßene Mandeln, 125 Gramm Zucker, 250 Gramm Mehl, 5 Eigelb; dieses verarbeitet man gut untereinander, macht längliche Brötchen, bestreut sie mit Eigelb und Mandeln und bäckt sie flott, weil sie sonst gern auslaufen, das heißt zu flach und dünn werden.

---

12   Anm. des Verlags: Tüte in Form einer Eistüte.

Kleine Chaudées

125 Gramm Butter kocht man mit 125 Gramm etwas gesalzenem Wasser, rührt über dem Feuer 125 Gramm Mehl hinein. In die abgekühlte Masse schlägt man 5 Eier, schöpft mit einem in kaltes Wasser getauchten Löffel walnussgroße Stücke in gehörigen Zwischenräumen auf mehlbestaubtes Blech und bäckt die Chaudées flott. Man füllt sie mit Schlagsahne oder Fruchtgelee.

Konfitürenschnitten

Man macht einen Butterteig von 125 Gramm Butter, 125 Gramm Mehl, einem kleinen Ei und 60 Gramm Zucker. Diesen wellt man 1/2-fingerdick aus, schneidet ihn in 2 Zentimeter breite und 6 Zentimeter lange Streifen, belegt diese mit Dreimus, was ganz steif sein muss, oder anderer Marmelade und macht darüber einen Guss von 80 Gramm mit der braunen Schale gestoßener Mandeln, 80 Gramm Zucker und einem zu Schnee geschlagenen Eiweiß. Beim Backen müssen die Schnitten viel Hitze von unten haben, damit der Teig recht gar wird.

Krausgebackenes

3 Eigelb, 1 kleine Tasse Sahne, 1/2 Tasse geschmolzene Butter, 1/4 Tasse weißer Wein, 1 Esslöffel Zucker, so viel Mehl, dass es ein Teig zum Ausrollen wird. Dann schneidet man etwa 6 Zentimeter lange und 3 Zentimeter breite Stücke, macht in der Mitte einen Schnitt, zieht ein Teigende durch den Schnitt, dass es wie ein geschlungener Knoten aussieht, und bäckt sie in heißer Schmalzbutter hellgelb, bestreut sie, noch heiß, mit Zucker und Zimt.

Krokant

1 Pfund süße Mandeln legt man in heißes Wasser, entfernt die braune Schale und trocknet sie mit einem reinen Tuche sauber ab. Am besten geschieht das Waschen am Tage vor dem Gebrauch; dann schneidet man sie, aber nicht reiben, in nicht zu kleine Stückchen, lässt 625 Gramm Zucker, doch ohne Wasser, auf dem Feuer langsam schmelzen und röstet die Mandeln darin hellbraun. Nun drückt man die Masse in große oder kleine, mit Mandelöl ausgestrichene Formen, oder schneidet auf dem Backbrett kleine Stückchen davon. Man muss etwas flink sein, denn fängt der Krokant an kalt zu werden, bricht er wie Glas und kann nicht mehr verarbeitet werden. Krokant muss unter einer Glasglocke aufbewahrt werden; kommt die Luft daran, wird er klebrig.

Die niedlichsten Sachen kann man davon verfertigen. Ganz kleine Törtchen sind sehr hübsch; man sticht mit einem Blechrand kleine Böden aus, macht einen ganz niedrigen Rand und legt eine kandierte Frucht hinein. Bei etwas Geschicklichkeit kann man von dieser Masse Körbchen und andere Formen mit Leichtigkeit bilden, die sich auf der elegantesten Tafel zierlich ausnehmen.

Lebkuchen, weiße

250 Gramm gestoßenen Zucker rührt man mit 2 Eiern 1 Stunde, gibt dann die abgeriebene Schale 1 Zitrone, 10 Gramm Zimt, 2 Gramm gestoßene Nägelchen, 30 Gramm länglich geschnittene Mandeln, 30 Gramm Zitronat und zuletzt 250 Gramm Mehl hinzu. Dies verarbeitet man leicht auf dem Brett, wellt es aus, schneidet viereckige Stücke daraus und bäckt sie langsam auf butterbestrichenem Blech. Nach dem Backen glaciert man sie mit dick gekochtem Zuckersirup. Man backe sie einige Tage vor dem Gebrauch, sonst sind sie zu hart und nicht so gut.

Lebkuchen, Württemberger

Knapp 1 Liter Honig, 500 Gramm Zucker, 250 Gramm kleingeschnittene Mandeln, 90 Gramm Orangeat, 90 Gramm Zitronat, 30 Gramm Zimt, 1 kleiner gestrichener Kaffeelöffel voll Nelken, Schale und Saft von 2 Zitronen, 4 Messerspitzen voll Ammonium, 5 Esslöffel voll Kirschgeist, 1 kleine geriebene Muskatnuss, 1 1/8 Kilo Mehl. Zucker und Mehl erwärmt man, den Honig lässt man auf dem Feuer flüssig und warm werden, er soll aber nicht kochen. Zucker und Honig rührt man tüchtig, löst das Ammonium im Kirschgeist auf, gibt alles Übrige in die Honigmasse, verarbeitet sie tüchtig und lässt sie 1 Stunde ruhen. Rollt den Teig dann streifenweise aus, schneidet die Streifen in Stückchen, legt sie auf ein mit Mehl bestäubtes Tischtuch bis zum folgenden Tage und bäckt die Lebkuchen auf mit Butter bestrichenem und mit Mehl bestäubtem Blech nicht zu dunkel. Diese Lebkuchen sind von ganz ausgezeichnetem Geschmack.

Magenmarsellen

1 Pfund Zucker lässt man zum Flug kochen, gibt dann 30 Gramm geschnittene Mandeln, 15 Gramm Zitronat, Zimt, Muskat, abgeriebene Zitronenschale, Nelken, von jedem 1 Messerspitze voll, hinzu. Dieses rührt man untereinander und gießt es auf ein mit ungesalzener Butter bestrichenes Papier und verteilt die Masse gleichmäßig fingerdick. Beim Erkalten schneidet man fingerbreite, etwa 4 Zentimeter lange Stückchen davon.

Makronen

500 Gramm gestoßener Zucker, 500 Gramm geschälte Mandeln, 6 Eiweiß und Oblaten.
   Die grob geschnittenen Mandeln stößt man vor und nach mit 2 Eiweiß im Mörser fein, mischt den Zucker mit den 4 zu Schnee

geschlagenen Eiweiß unter die Mandeln, formt mit 2 Kaffeelöffeln längliche Makronen, setzt sie auf Oblaten und bäckt sie in nicht zu heißem Ofen flott goldgelb.

Makronen (grüne)

3 Eiweiß schlägt man zu festem Schaum, rührt 125 Gramm feinen Zucker, 125 Gramm abgezogene, nicht zu fein geschnittene Pistazien und 65 Gramm feingeschnittenes Zitronat darunter. Diese Masse setzt man auf talergroße Oblaten und bäckt sie ganz gelinde, damit sie hell bleiben.

Statt 125 Gramm Pistazien, welche sehr teuer sind, kann man auch nur 60 Gramm und dann noch 60 Gramm abgeschälte Mandeln, die man nicht sehr fein schneidet und in Cochenille rot färbt, nehmen.

Makronentörtchen

250 Gramm süße, 15 Gramm bittere Mandeln werden ohne braune Schale fein gestoßen, mit 250 Gramm feinem gesiebten Zucker, der Schale und dem Saft 1/2 Zitrone und etwas Zimt verrührt, zuletzt kommt der steife Schnee von 3 Eiern dazu. Von dieser Masse setzt man auf butterbestrichenem Blech kleine Törtchen mit Rand auf, bäckt sie hellgelb und belegt sie mit feinen eingemachten Früchten.

Mandelgebackenes

9 Eiweiß, 150 Gramm Butter, 150 Gramm Mehl, 300 Gramm gestoßener Zucker, 125 Gramm Mandeln. Man rührt das Eiweiß mit dem Zucker 1/2 Stunde, gibt dann das Mehl, sowie die Hälfte der abgezogenen gemahlenen Mandeln hinzu. Die übrigen Mandeln streut man in die mit Butter bestrichenen Förmchen, worin man die Masse hellbraun bäckt. Man kann auch die ganze Masse in einer Brotform backen und nachher dünne Scheibchen davon schneiden.

Mandelküchlein

Man nimmt 125 Gramm Mehl, 125 Gramm Zucker und ebenso viel Mandeln, entfernt die braune Schale und stößt die Mandeln mit Rosenwasser, tut dann die abgeriebene Schale 1 Zitrone, 1 Messerspitze Zimt, ebenso viel gestoßene Nägelchen, 1/2 geriebene Muskatnuss, 2 Eidotter und etwas Rosenwasser hinzu, macht hiervon einen Teig, der nicht zu fest sein darf. Ist er gerollt, sticht man kleine Kuchen daraus und bäckt sie in der Tortenpfanne. Zuletzt bestreicht man sie mit Ei und schiebt sie zum Antrocknen wieder in den Backofen.

Mandelküchlein mit Eingemachtem

Zu 250 Gramm gestoßenem Zucker und 250 Gramm etwas gröblich gestoßenen Mandeln, ohne braune Schale, nimmt man 1/2 Esslöffel Mehl, die abgeriebene Schale 1 Zitrone, etwas kleingeschnittenes Zitronat. Dies wird mit 2 Eiweiß wohl gerührt, dann teelöffelweife auf runde Oblaten gesetzt, in der Mitte drückt man ein Loch ein und bäckt die Kuchen langsam hellgelb. Vor dem Servieren gibt man etwas Eingemachtes in die Öffnung.

Mandelschnitten (sehr gut)

625 Gramm Zucker rührt man mit 5 ganzen Eiern recht schaumig, gibt dann 100 Gramm Zitronat, 100 Gramm Orangeat, beides fein geschnitten, die abgeriebene Schale 1 Zitrone, 1 Teelöffel voll Zimt, 1 Messerspitze gestoßene Nelken, 250 Gramm einmal durchgeschnittene, ungeschälte Mandeln und 625 Gramm feines Mehl zu der Masse. Dies alles verarbeitet man gut zu einem Ballen, teilt ihn in 3 Teile, rollt dieselben zu 3 Streifen aus, setzt sie auf ein mit Butter bestrichenes Blech, drückt sie etwas breit, streicht sie mit verschlagenem Ei an und bäckt sie in mittelheißem Ofen. Ganz heiß schneidet man sie zuerst in Streifen und dann in schräge Stückchen.

Mandelwecken

60 Gramm abgezogene, mit Rosenwasser gestoßene Mandeln, 45 Gramm Zucker, 3 Eier, etwas Weckkrumen, Zimt und Zitronenschale, alles dies mischt man untereinander, streicht die Masse auf Weckschnitten, die man in weißem Wein eingeweicht hat und bäckt sie in Schmalz goldbraun. Man reicht sie zu Obst oder gibt eine Fruchtsauce dazu. Dieses schnell bereitete Gebäck kann man auch zum Kaffee geben, wenn unerwartet Besuch erscheint.

Marzipankartoffeln

1 Pfund gute süße Mandeln legt man in heißes Wasser, entfernt die braune Schale und trocknet sie gut ab, dann stößt man sie möglichst fein im Mörser, gibt 1 Pfund vom besten gestoßenen Zucker darunter und feuchtet die Masse mit Rosenwasser an, sodass sie sich verarbeiten lässt. Nun vermischt man auf einem flachen Teller Kakao und Zimt, formt von der Mandelmasse kleine Kugeln, rollt sie in dem Kakao und Zimt und sticht mit einem Pfriemen[13] oder sonst einem nicht zu spitzen Gegenstand, möglichst natürlich, Kartoffelaugen hinein. Auch kann man von obiger Masse kleine Weißbrote oder Namen formen, die man, mit Eigelb bestrichen, im Ofen backen lässt, herstellen. Obiges Verfahren ist sehr anzuraten; die Kartoffeln sind sehr schmackhaft, schnell herzustellen und viel billiger, wie gekauftes Marzipan.

Maultaschen

125 Gramm gestoßener Zucker, 4 Eidotter, 75 Gramm ohne braune Schale gestoßene Mandeln, 1 Eiweiß zu Schnee geschlagen und 25 Gramm feines Mehl. Dies alles rührt man eine gute Weile, sticht

---

13   Anm. des Verlags: Ein Pfriem ist ein Spitzbohrer, ein Werkzeug, mit dem man Löcher in feste Materialien stechen kann.

runde, fünfmarkstückgroße Kuchen daraus, klappt sie doppelt und bäckt sie bei gelinder Hitze. Man kann die Maultaschen auch füllen, legt 1 eingemachte Erdbeere oder Kirsche ohne Saft hinein und drückt den Rand der Maultasche, nachdem man eine Seite mit etwas Wasser befeuchtet, fest an.

Meisenheimer

60 Gramm Butter, 6 Eier, 15 Gramm Hirschhornsalz frisch aus der Apotheke, 30 Gramm Vanillezucker, 750 Gramm Mehl; dies verarbeitet man zu einem Teig. Eier und Zucker rührt man 1/2 Stunde, Mehl und Hirschhornsalz gibt man durch ein Haarsieb; letzteres rührt man erst in die Masse, wenn das Mehl dazukommt. Ist der Teig genügend verarbeitet, wellt man ihn, da er beim Backen aufgeht, dünn aus, sticht kleine Kuchen daraus und lässt sie flott hellgelb backen.

Migger Knopf

5 Dreipfennig-Brötchen schneidet man in ganz dünne Scheiben, besprengt sie mit Wasser, dass sie sich fein zerrühren lassen, dann wiegt man 75 Gramm Miggerfett[14] (vom Rind) möglichst fein, mischt dies, sowie 1 Ei, etwas Zucker, Salz und einen knappen Teelöffel gestoßenen Ingwer unter die Brötchen. Hiervon macht man einen Kloß, den man in ein Sieb von Porzellan, oder, in Ermangelung dessen, auf einen kleinen Teller setzt.

Vorher kocht man eine reichliche Portion gedörrte Zwetschen, Birnen oder Apfelschnitzen, gut gesüßt, mit vieler Brühe, fast gar, setzt den Teller mit dem Kloß in die Brühe, 3/4 muss der Kloß mit Brühe bedeckt sein, legt das Obst um den Kloß herum und lässt dies zusammen noch 1 Stunde kochen. Das Geschirr, worin man den Kloß kocht, darf nur so groß sein, dass der Teller darinstehen und das Obst dar-

---

14   Anm. des Verlags: Mickerfett (heutige Schreibweise) ist das Fett um die Eingeweide eines Schlachtviehs.

umgelegt werden kann; behutsam nimmt man mit einer Schaufel den Kloß heraus und gibt ihn mit dem Obst warm zu Tisch.

Mutzen

1/4 Liter Milch verrührt man mit 2 Eiern, mengt Mehl und etwas Salz hinein, bis der Teig zum Ausrollen gut ist, nimmt ihn auf das Backbrett, wälzt ihn aus, zerpflückt 125 Gramm Butter auf die Hälfte des Teiges, schlägt die andere Hälfte darüber und rollt ihn wie Blätterteig so aus, dass man den Teig zusammenschlägt, aber nicht knetet. Das letzte Mal rollt man ihn messerrückendick aus, schneidet mit dem Backrädchen eckige Stücke und bäckt die Mutzen in Schmalz gelb; heiß bestreut man sie reichlich mit Zucker.

Mutzenmandeln

250 Gramm Mehl, 125 Gramm Zucker, 125 Gramm abgezogene gestoßene Mandeln, darunter einige bittere, 1 Messerspitze Zimt und 2 Eier. Hiervon macht man Teig, wirkt[15] ihn dick aus, drückt mit der Form Mandeln daraus und bäckt sie in Schmalzbutter schön gelb.

Nürnberger Schachtellebkuchen

500 Gramm rohe mit der Schale geriebene Mandeln, 750 Gramm gestoßener Zucker, 70 Gramm fein geschnittenes Zitronat, 18 Gramm Zimt, 2 Gramm Kardamom, 2 Gramm geriebene Muskatnuss, 3 Gramm Nelken, 40 Gramm geschnittenes Orangeat, 5 Gramm Ammonium, 9 – 10 Eiweiß, nicht zu Schnee geschlagen.

Dies alles verarbeitet man gut untereinander, die Masse darf aber nicht zu dünn sein. Man streicht sie auf Oblaten so, dass sie in der

---

15   Anm. des Verlags: Es wird vermutet, dass es sich hier um einen Schreibfehler handelt und welgern/wellen gemeint ist.

Mitte dicker, am Rand flacher gestrichen sind. Man setzt die Lebkuchen auf Bleche, die mit weißem Papier belegt sind, stellt sie an einen warmen Ort, dass sie oben antrocknen, und bäckt sie langsam, ja nicht zu dunkel. Anfangs lässt man den Backofen etwas auf, um zu verhüten, dass die Lebkuchen oben Risse bekommen. Sind die Lebkuchen gebacken, aber noch heiß, bestreicht man sie mit Wasserglasur. Man kocht Staubzucker mit Wasser, schüttet zuletzt etwas Rum daran und lässt die bestrichenen Lebkuchen im offenen Backofen trocknen, vor dem Backen kann man in die Mitte einen Stern von abgezogenen Mandeln legen, oder die Kuchen, wenn die Glasur noch nass ist, mit buntem Streuzucker verzieren.

Nüsschen

Man wiegt die Haselnusskerne und nimmt ebenso schwer Stückzucker. Man taucht den Zucker in Wasser und lässt ihn so lange kochen, bis er in Blasen davonfliegt, wenn man gegen eine in den Zucker getauchte Gabel bläst. Nun schüttet man die Nüsse hinein und rührt sie mit dem Pfannenmesser um; dann nimmt man sie vom Feuer und rührt, bis sie trocken geworden, breitet sie auf einer Schüssel aus, legt sie voneinander und verwahrt sie verschlossen in einer Büchse, damit sie trocken bleiben.

Nüsse (verkleidete)

250 Gramm ausgekernte Haselnüsse, die man entkernt kaufen kann, reibt man mit einem Tuch sauber ab. Ein zu Schnee geschlagenes Eiweiß vermischt man mit 1 Esslöffel voll Rosenwasser, rührt die Nusskerne darin um und legt sie zum Abtropfen auf ein Sieb. Hierauf schüttet man die Kerne auf einen Teller, streut reichlich Zucker darüber und rollt sie hin und her, dass sie ganz weiß eingehüllt sind. Zum Trocknen breitet man sie auf einer Schüssel aus. Auf dieselbe Weise kann man Mandeln zubereiten, nur wälzt man die Mandeln zum Schluss noch in gutem Zimt, ehe man sie trocknen lässt.

Nussmakronen

125 Gramm gestoßene Haselnusskerne, 200 Gramm Zucker und 3 zu
Schnee geschlagene Eiweiß rührt man 1/2 Stunde immer nach einer
Richtung. Dann bäckt man bei mäßiger Hitze auf butterbestrichenem
Blech kleine Plätzchen davon; in die Mitte eines jeden drückt man
einen ganzen Haselnusskern.

Offene Rollen

750 Gramm Mehl, 300 Gramm Butter, 375 Gramm gestoßener
Zucker, 15 Gramm gestoßener Zimt, ein wenig Zitronenschale und 5
Eier; dies mengt man gut durcheinander, rollt in der Hand kleine Bällchen von dem Teig, legt sie auf das Waffeleisen, drückt sie flach und
bäckt sie schön gelb. Das Eisen bestreicht man mit Speck. Nimmt man
die Waffeln heraus, so rollt man sie flink, solange sie noch heiß sind,
über ein Rollholz.

Offene Törtchen

Man formt von dem Blätterteig kleine runde Törtchen mit Rand,
bestreicht dieselben mit zerrührtem Ei, belegt den Boden mit Obst und
bäckt sie in heißem Ofen. Bei Stachelbeeren ist es ratsamer, ein Kompott zu kochen und nach dem Backen die Törtchen damit zu füllen.

Ohrläppchen

6 Eigelb, 2 Eiweiß, 100 Gramm Zucker, 3 Esslöffel voll süßen Rahm
rührt man zusammen, schafft dann so viel Mehl hinein, dass man den
Teig messerrückendick auswelgern kann, dann schneidet man ihn
in fingerlange und 2-fingerbreite Stücke, fasst den Teig in der Mitte
zusammen, steckt die Stücklein an den Stiel eines hölzernen Koch-

löffels, hält sie in kochendes Schmalz, bäckt sie hellbraun und bestreut die Ohrläppchen mit Zucker und Zimt, wenn sie erkaltet sind.

Omelette

5 recht frische Eier, das Weiße zu festem Schnee geschlagen, verrührt man mit 3 Esslöffel Milch und ein wenig Zucker, gibt dies sofort in die heiße Butter in die Bratpfanne, deckt die Omelette einen Augenblick zu und bäckt sie flott auf einer Seite, gibt Gelee hinein, klappt sie doppelt und bringt sie sofort mit Zucker und etwas Zitronensaft zur Tafel.

Pischinger-Torte (österr.)

100 Gramm geriebene Schokolade löst man in 3 Esslöffel voll Wasser auf und lässt sie kochen. 100 Gramm Butter rührt man schaumig, gibt 2 Eidotter, 100 Gramm Zucker und die Schokolade dazu. Dies mischt man gut untereinander und bestreicht damit 5 Karlsbader Oblaten, die sechste Oblate legt man darauf und überzieht sie mit Schokoladenguss.

Pfefferkuchen (dicker)

1 Liter Honig, 750 Gramm Zucker, 250 Gramm Zitronat, 125 Gramm Pommeranzenschale, die abgeriebene Schale von 1 1/2 Zitrone, 6 Gramm Kardamom, 6 Gramm Nelken, 2 1/4 Kilo Mehl, 2 wallnussgroße Stücke Butter, 250 Gramm grob gewiegte Mandeln, 30 Gramm gereinigte Pottasche, 10 Gramm Hirschhornsalz und 3 Gramm Koriander.

Honig, Zucker und Butter wird aufgekocht und kochend über das Mehl und sämtliche Zutaten gegossen. Pottasche und Hirschhornsalz löst man in 1/2 Tasse heißem Wasser auf und mischt dies zuletzt unter die Masse. Dann wird der Teig schnell verrührt, geknetet und noch warm auf die Bleche gebracht, sonst wird er zu steif. Er muss dick aufgetragen werden, es gibt 2 gewöhnliche Bleche voll. Während des 3/4-stündigen Backens darf der Backofen nicht geöffnet werden, sonst fällt der Lebkuchen bei. Es ist gut, den Teig die Nacht über auf den Blechen liegen zu lassen und erst am folgenden Tage zu backen. Dünn geschnitten schmeckt der Lebkuchen gut auf Butterbrot, nach holländischer Art.

Pfeffernüsse Nr. 2

750 Gramm gestoßener Zucker, 750 Gramm feines Mehl, 6 große Eier, 150 Gramm Pomeranzenschale, 150 Gramm Zitronat, beides fein geschnitten, 30 Gramm Zimt, 1 kleiner Teelöffel gestoßene Nelken, 1 Messerspitze weißer Pfeffer, 15 Gramm gereinigte Pottasche, die in ein wenig Wasser aufgelöst wird. Hiervon macht man einen Teig, formt kleine Kugeln, die man auf butterbestrichenem Blech in gehörigen Zwischenräumen aufsetzt und langsam backen lässt.

Pomeranzenbrötchen

1 Pfund Zucker wird mit 4 ganzen Eiern und 6 Eigelb 1/2 Stunde gerührt, dann gibt man 65 Gramm Pomeranzenschale, 65 Gramm Zitronat und die Schale 1 Zitrone, alles fein geschnitten, hinein und rührt zuletzt 560 Gramm feines Mehl darunter. Hierauf macht man auf dem Backbrett fingerlange Würgeln und bäckt auf butterbestrichenem Blech die Brötchen ganz hellgelb.

Pralinés

Man macht kleine Kugeln, die man unten etwas abflacht, von Marzipan- oder Krokantmasse, stattdessen kann man die Füllung auch von folgender Masse machen:
125 Gramm feinster Puderzucker, 2 Esslöffel Zitronen- oder Apfelsinensaft oder stattdessen 2 Esslöffel Arrak; will man der Mischung eine rosa Färbung geben, so nimmt man 125 Gramm Puderzucker

und 2 Esslöffel durch ein Sieb gestrichene Himbeeren oder Erdbeeren. Nachdem jede Füllung für sich zusammengeknetet ist, formt man davon Kugeln.

Dann löst man in einem Töpfchen 1 Stück bittere Schokolade und doppelt so viel süße Schokolade ohne jede Zutat auf, indem man das Töpfchen in einen größeren Behälter mit Wasser stellt, verrührt die Schokolade mit einem silbernen Löffel, taucht die Kugeln mit einer Spicknadel hinein und legt sie zum Trocknen auf ein mit Butter bestrichenes Papier an die Luft. – Ebenso beliebt sind mit Schokoladenguss überzogene Mandeln und Haselnusskerne, die man auf dieselbe Weise präpariert.

Preiselbeerrollen

Man macht einen guten Pfannkuchenteig, schlägt das Eiweiß zu Schnee, damit er recht schaumig wird und bäckt nicht zu dünne Pfannkuchen. Dann bestreicht man sie mit Preiselbeeren oder Marmelade von Zwetschen, die nicht zu flüssig ist, rollt die Kuchen auf und schneidet mit einem scharfen Messer recht glatte Rollen, die man nach Belieben mit Zucker bestreuen kann oder an den abgeschnittenen Enden in gestoßenen Zwieback taucht und in der Pfanne anbacken lässt. Sie werden warm zur Tafel gegeben.

Puffertskuchen

500 Gramm Mehl, 2 Eier, 125 Gramm Korinthen, 125 Gramm Zucker, knapp 1/2 Liter Milch, 1 Backpulver, etwas Zitronenschale. Das Weiße der Eier schlägt man zu Schnee. Dies alles verrührt man tüchtig, der Teig darf nicht zu dünn sein, und bäckt von der Masse in halb Butter und Schmalz kleine Kuchen. Hierzu reicht man rheinisches Apfelkraut.

Reisauflauf

Man kocht 250 Gramm Reis mit halb Wasser und Wein gar, recht steif, rührt dann 125 Gramm Butter, 1 Tasse Korinthen, 5 Eidotter, das Eiweiß zu Schnee, Saft und Schale 1 Zitrone, sowie etwa 125 Gramm Zucker darunter. Dann belegt man die Auflaufform mit nicht zu dünn ausgewelltem Mürbeteig, gibt den Reis hinein und legt die Hälfte des Teigs darüber; dann lässt man den Auflauf im heißen Ofen 1 1/2 Stunden backen und gibt eine Fruchtsauce dazu.

Rosen

4 Eier rührt man mit Mehl ganz klein, tut so viel süßen Rahm dazu, dass es einen Teig ungefähr wie Pfannkuchenteig gibt. Man taucht das Eisen zuerst in heiße Butter oder Schmalz, dann in den Teig, aber nicht zu tief, sonst schließt sich der Teig über dem Eisen und dann fallen nach dem Backen beim Herausnehmen aus dem Fett die Rosen nicht ab. Man bestreut sie mit Zucker und Zimt nach dem Backen und gibt sie ganz frisch, womöglich heiß, zur Tafel.

Salzburger Stockerl

Man rührt 1 Ei groß Butter mit gestoßenem Zucker und etwas Salz schaumig, gibt 1 Eigelb daran, rührt wieder, gibt löffelweise feines Mehl hinzu, bis der Teig Blasen wirft und sich von der Schüssel löst, und mischt dann den steifen Eierschnee darunter. Dann setzt man Milch mit Zucker und Vanille aufs Feuer, auf die Portion von 2 Eiern rechnet man 1 Liter Milch. In die kochende Milch sticht man teelöffelweise Klöschen, deckt sie fest zu und lässt sie 1/2 Stunde ganz langsam kochen. Nach dem Kochen bestreut man sie mit Zucker und gibt die Milch als Sauce dazu.

Sahnewaffeln Nr. 1

75 Gramm Butter wird zu Sahne gerührt, 1/2 Liter halb dicke saure Sahne, halb süße Milch, 250 Gramm Mehl, 6 Eier, das Weiße zu Schnee geschlagen, davon macht man einen Teig und bäckt nach der Angabe von „Waffeln". Nach dem Backen bestreut man die Waffeln reichlich mit Zucker und Zimt und gibt sie am besten warm zur Tafel.

Sahnewaffeln Nr. 2 (ausgezeichnet)

1 Liter süße Sahne schlägt man zu festem Schaum, tut darauf 8 Eidotter, 360 Gramm feines Weizenmehl, den Schnee von 10 Eiern und zuletzt 180 Gramm abgeklärte Butter dazu und bäckt die Masse in einem Waffeleisen hellbraun.

Schaum-Eier

Man schlägt Eiweiß zu einem recht steifen Schaum, legt von diesem Schnee esslöffelweise in die Tortenpfanne, die tüchtig mit Wachs angestrichen sein muss, streut durch ein Haarsieb Zucker darauf und lässt die Eier mit wenig Feuer mehr trocknen wie backen, dass sie nicht gelb werden. Ist der Ofen von unten heißer wie von oben, nimmt man besser ein Brett, worauf man die Eier trocknen lässt, damit sie von unten weich bleiben. Wenn man sie herausnimmt, entfernt man das inwendig Feuchte, füllt Eingemachtes oder Schlagsahne hinein und legt immer zwei und zwei aufeinander, dass sie die Form von einem Ei erhalten.

Schenkeli

500 Gramm Zucker, 250 Gramm abgezogene, gemahlene Mandeln, 8 Eier, 3 Esslöffel voll Rosenwasser. Dies rührt man zusammen 1/4 Stunde lang. 75 Gramm geschmolzene Butter schüttet man ab, dass

der Satz zurückbleibt, lässt die Butter abkühlen und rührt sie lauwarm unter den Teig. Hierauf gibt man so viel feines Weizenmehl zu dem Teig, dass er sich welgern lässt; er muss aber locker, nicht zu fest sein. Dann formt man fingerdicke, 1/2-fingerlange Würstchen von der Masse und bäckt sie schwimmend in halb Butter und Schmalz. Beim Backen legt man höchstens 20 Schenkeli auf einmal in die Pfanne und stellt sie etwas beiseite, bis alle Schenkeli in die Höhe gekommen sind, dann schiebt man die Pfanne wieder auf das Feuer und lässt das Gebäck goldbraun werden.

Aus dem gleichen Teig kann man auch Mandeln mit einem Mandeleisen ausstechen und in Butter backen.

Schokoladenküchlein

Man zerquirlt das Weiße von 2 Eiern und rührt es mit 125 Gramm Zucker, bis es dick wird, gibt dann 125 Gramm gute geriebene Vanilleschokolade hinein, rührt nur wenig, setzt diese Masse teelöffelweise auf runde Oblaten und lässt sie sehr langsam backen; sie müssen weich bleiben.

Schokoladenmakronen

macht man von derselben Masse wie „Makronen", rührt nur 2 Esslöffel Kakao mit dazu. Wünscht man mit wenig Mühe zweierlei Gebäck zu haben, so teilt man obige Masse und gibt 1 Esslöffel Kakao hinein.

Will man hingegen Schokoladenmakronen allein backen, lässt man den Mandeln die braune Schale, nimmt eine Zitronenschale und verfährt im Übrigen nach Angabe wie bei „Makronen".

Schokoladenmuscheln

250 Gramm Zucker werden mit 4 zu Schaum geschlagenen Eiweiß leicht gerührt, 250 Gramm ungeschälte gestoßene Mandeln, 60

Gramm geriebene süße Vanilleschokolade und 1 Kaffeelöffel voll Zimt dazugenommen. Dieser Teig wird in kleinen Portionen 1 kleinen Finger dick ausgerollt, die Form in untereinandergemengten Zucker und Mehl eingetaucht, auf den Teig gedrückt, ausgeschnitten und auf ein mit Butter bestrichenes Blech gelegt. Die Muscheln müssen inwendig weich bleiben und wenig gebacken werden. Diese Portion gibt ungefähr 40 Stück. Auch kann man statt der Schokolade dieselbe Menge Kakao nehmen; hübsch werden hiervon kleine, mittelst eines Likörgläschens ausgestochene Plätzchen, die man mit rotem oder weißem Zuckerguss bestreicht und die sich zwischen anderem Backwerk gut ausnehmen.

Schokolade-Wind

125 Gramm Schokolade und 1 Pfund Zucker, der Schnee von 3 Eiern; dies verarbeitet man tüchtig, schneidet kleine Würfel daraus und lässt dieselben ziemlich rasch backen.

Schöpferl

1 Esslöffel voll Mehl, 1 Esslöffel voll Zucker, 1 Ei, das Weiße zu Schnee geschlagen. Dies verrührt man tüchtig und schöpft von dieser Masse mit einem Kaffeelöffel in kochendes Schmalz. Man lässt die Schöpferl goldgelb backen, bestreut sie, noch heiß, mit Zimt und Zucker und serviert sie warm. Man kann sie mit einer Wein-Schaumsauce auch als Nachtisch reichen.

Schneeballen

1/2 Liter Milch setzt man mit 125 Gramm frischer, ungesalzener Butter aufs Feuer; wenn es kocht, streut man so lange feines Mehl hinein, bis die Masse steif ist und sich vom Topfe loslöst. Dann nimmt man sie vom Feuer, lässt sie etwas abkühlen, rührt 10 Eigelb und zuletzt den steifen Eierschnee darunter. Hiervon sticht man mittelst eines Esslöffels kleine Ballen ab, lässt sie in Schmalzbutter backen und bestreut sie nachher mit Zucker und Zimt.

Schneidersfleck

Man macht einen Nudelteig von 3 Eiern, verkleppert die Eier und knetet so viel Mehl hinein und eine Walnuss dick Butter, dass man den Teig ausrollen kann, er muss aber nicht zu fest, sondern noch dehnbar sein, wenn er ausgerollt ist. Man rollt ihn so dünn wie möglich aus, schneidet dann 3-fingerbreite Streifen und aus diesen kleinen Dreiecken, die man recht trocken werden lässt. Man kann sie tags vorher machen. Dann setzt man einen ziemlich großen Kessel auf, rechnet auf jedes Ei 1 Liter Milch, also für diese große Portion nimmt man 3 Liter, 1 Stich Butter, Vanille und Zucker nach Geschmack, lässt dies aufkochen, gibt die Dreiecke hinein und lässt sie in der süßen Milch gar kochen; damit sie nicht zu fest werden, nimmt man sie mit dem Schaumlöffel vorsichtig heraus und serviert sie in einer tiefen Schüssel. Die Portion ist für einen großen Tisch. 2 Eier und 2 Liter Milch gibt schon eine ansehnliche Schüssel.

Spanische Waffeln

Man macht nach der Angabe von Blätterteig einen Teig von 500 Gramm Mehl, 375 Gramm frischer Butter, 1 Ei, 1 kleines Glas Wasser, schlägt den Teig immer wieder zusammen, wellt ihn, ohne zu kneten; dann schneidet man 5 Zentimeter breite und 8 Zentimeter lange Streifen, füllt sie mit der Mandelmasse, die man 1 kleinen Finger dick der Länge nach darauf verteilt, rollt den Streifen wie ein Würstchen, drückt die Enden fest zusammen, damit das Füllsel nicht ausfließt und formt dem Buchstaben S ähnliche Figuren daraus, die man in heißem Ofen flott backen lässt. Die Masse zum Füllen besteht aus 250 Gramm abgezogenen, gemahlenen Mandeln, 2 ganzen Eiern, etwas abgeriebener Zitrone und Zucker nach Geschmack.

Stricke

250 Gramm Zucker, 4 ganze Eier, 625 Gramm Mehl, etwas Zimt und Zitronenschale. Wenn dies alles gut durcheinandergemengt ist, formt man Stricke daraus, indem man 1-fingerbreite Streifen schneidet, diese zu einem Knoten einmal schlingt und in Schmalzbutter hellgelb bäckt; dann bestreut man sie mit Zimt und Zucker. Die Stricke schmecken einfach und eignen sich gut zur Schokolade bei Kindervisiten. Die Masse gibt eine große Portion.

Studentenfutter

Man nimmt große einzelne Traubenrosinen, schneidet ein Stückchen ab, nimmt mit einem spitzen Messer die Kerne heraus und steckt 1 ganze Mandel hinein.

1 Eiweiß schlägt man zu festem Schaum und rührt so viel Zucker hinein, dass die Masse so dickflüssig ist, dass sie an den eingetauchten Rosinen haften bleibt. Diese bäckt man auf Wachs bestrichenem Blech in kühlem Ofen so langsam, dass sie weiß bleiben.

Man kann das Studentenfutter auch auf dieselbe Weise, wie „Verkleidete Nüsse" bereiten.

Stuttgarter Lebkuchen (vorzüglich)

2 Pfund Zucker läutert man über dem Feuer mit einem Glas Weißwein, tut 1 Liter Honig hinzu und lässt die Flüssigkeit 1/4 Stunde kochen. Ist sie etwas abgefühlt, so rührt man 50 Gramm Zimt, 60 Gramm Zitronat, 60 Gramm Pommeranzenschale, beides feingeschnitten, die abgeriebene Schale 1 Zitrone, 2 Pfund ungeschälte gemahlene Mandeln hinein und zuletzt noch 1 Kilo und 750 Gramm Mehl. Wenn die Masse, die tüchtig gerührt sein muss, noch warm ist, rollt man sie in kleinen Mengen aus und schneidet je nach Belieben drei- oder vier-

eckige Stückchen daraus; dann bäckt man die Lebkuchen hellbraun, aber ja nicht zu dunkel, sonst verlieren sie den feinen Geschmack.

Tausend-Jahres-Kuchen

250 Gramm Butter verrührt man mit 2 ganzen Eiern und 2 Eigelb, gibt dann 125 Gramm Zucker, die abgeriebene Schale 1 Zitrone und 250 Gramm feines Mehl darunter, verarbeitet alles gut untereinander, bestreicht das Backblech nicht zu dick mit der Masse und streut etwas Hagelzucker darüber. Wenn die Masse angebacken ist, nimmt man das Blech aus dem Ofen und schneidet schmale Streifen, schiebt die Kuchen wieder hinein und bäckt sie in heißem Ofen schnell. Wenn sie gar sind, nimmt man sie, so lange sie noch heiß find, heraus und bricht sie behutsam auseinander.

Verwendbrot mit Frucht

Man schneidet gleichgroße Weißbrotschnitten, weicht sie in etwas zerquirltem Ei mit Zucker und Milch ein, macht Butter in der Pfanne heiß und legt die Schnitten in Sternform, die schmale Seite in die Mitte, hinein. Dann gibt man einen guten Pfannkuchenteig zum Ausfüllen darüber und bäckt den Kuchen auf beiden Seiten schön gelb. Darauf belegt man die Weißbrotschnitten sauber, dass nichts herunterfließt, mit Eingemachtem (Dreimus eignet sich gut dazu), bestreut den Kuchen mit Zucker und gibt ihn noch warm zur Tafel.

Verzuckerte dicke Nüsse

Man nimmt die Nuss behutsam, dass sie womöglich ganz bleibt, aus der Schale. Dann taucht man 125 Gramm Stückzucker in Wasser, lässt den Zucker kochen, bis er Blasen wirft, wenn man den Löffel hineintaucht und dagegen bläst, nimmt jede Nuss, dreht sie in dem Zuckersirup herum und legt sie behutsam zum Trocknen auf ein

Hürtchen[16] oder eine alte Schüssel. Im Backofen dürfen sie aber nicht getrocknet werden, am besten an einem luftigen Orte. Doch eignet sich das Verzuckern nur im Winter für trockene Nüsse.

Vogelnester

Auf 1 Ei nimmt man 1 Esslöffel voll dicken sauren Rahm, 1 Esslöffel voll Zucker, Zitronenschale und so viel Mehl, dass es ein weicher Teig, wie Nudelteig, wird. Diesen welgert man aus, schneidet mit dem Rädchen runde Böden aus und bäckt sie, schwimmend in Schmalz, goldgelb.

Vorzügliche Kränzchen

375 Gramm gestoßener Zucker, 6 Eier, die Schale von 2 kleinen Zitronen, 30 Gramm vom besten gestoßenen Ceylon-Zimt, 12 Esslöffel geschmolzene Butter und 625 Gramm vom besten Mehl. Alles gut untereinander verarbeitet, lässt man den Teig einige Stunden im Kalten stehen; dann rollt man ihn 1-fingerdick aus und nimmt zum Ausstechen 2 Wassergläser von verschiedener Weite, drückt, in Mehl getaucht, zuerst das engere Glas auf, dann das weitere, sodass stark 1-fingerbreite Ringe entstehen. Diese kocht man in Schmalzbutter gar, sie müssen aber hell bleiben und innen weich. Heiß bestreut man die Kränzchen mit feinem Stampfzucker, damit recht viel Zucker daran hängen bleibt. In einer Porzellanschüssel kann man dieses Backwerk lange wohlschmeckend erhalten.

Vorzügliche mürbe Obsttörtchen

300 Gramm Butter, 200 Gramm Zucker, 500 Gramm Mehl, dies verarbeitet man gut, rollt den Teig aus, sticht Böden aus, rollt einen Rand, den man auf dem Boden andrückt und bäckt die Törtchen in

---

16   Anm. des Verlags: Hier ist vermutlich ein Rost gemeint.

heißem Ofen, flott, goldgelb. Diesen Teig kann man tagelang vor dem Gebrauch im Keller aufheben; die Portion ergibt ungefähr 25 Stück. Braucht man nicht so viele Törtchen auf einmal, verbäckt man nur den halben Teig und hebt den anderen noch eine Weile auf. Vor dem Gebrauch belegt man die Törtchen mit Früchten. Man nimmt hierzu ein beliebiges Kompott, von dem man den Saft dick einkocht.

Waffeln

500 Gramm Mehl, 375 Gramm Butter, 8 – 10 Eier je nach der Größe, eine Obertasse voll Hefe.

Man gibt die Butter geschmolzen in das Mehl, sie darf aber nur lauwarm, nicht heiß sein, dann klopft man die Eier und gibt sie auch hinzu. Ist der Teig gehörig aufgegangen, schüttet man ein Schoppenglas, etwa 1/2 Liter, kaltes Wasser in die Masse und bäckt davon in einem Waffeleisen, in welches man vorher etwas geschmolzene Butter gibt oder mit einer Speckschwarte ausreibt.

Die Waffeln müssen flott (wenn man Holz hat, hierüber) gebacken werden, sonst tut man wohl, sich beim Bäcker Holzkohlen zu holen. Am besten schmecken sie warm, mit Zucker bestreut, zur Tafel gegeben.

Wespennester

125 Gramm Hutzucker taucht man in Wasser und lässt ihn auf dem Feuer zergehen, dann schneidet man 250 Gramm ungeschälte Mandeln länglich und röstet sie in dem Zucker gelblich. 6 Eiweiß schlägt man zu festem Schnee, rührt 375 Gramm Zucker, 250 Gramm geriebene Vanilleschokolade und außerdem noch etwas Vanille darunter; nachdem man die Masse 3/4 Stunde gerührt hat, gibt man die gerösteten Mandeln dazu und setzt auf eine mit Wachs bestrichene Platte mit einem Teelöffel kleine Berge auf. Man bäckt diese Wespennester braun und fest und nimmt sie nach dem Backen erst herunter, wenn das Blech kalt geworden ist.

Windbeutel

1/4 Liter Milch setzt man mit 125 Gramm Butter aufs Feuer, lässt dies kochen, rührt nach und nach 250 Gramm feines Mehl hinein, bis es trocken wird und sich vom Topf loslöst; dann lässt man es abkühlen und rührt 9 Eidotter hinein, schlägt das Eiweiß zu Schnee, gibt es unter die Masse und sticht mit einem Esslöffel davon Ballen in das kochende Schmalz. Heiß bestreut man die Windbeutel mit Zucker und Zimt.

Zimtwaffeln

250 Gramm Mehl, 125 Gramm gestoßenen Zucker, 100 Gramm Butter, 1 ganzes Ei, 50 Gramm abgezogene, gemahlene Mandeln, 1 Messerspitze voll gestoßene Nägelchen, 8 Gramm gestoßenen Zimt, 3 Esslöffel voll Rosenwasser. Dies alles verarbeitet man tüchtig zu einem Teig, macht davon wallnussgroße Kugeln, legt sie auf das mit Speck ausgeriebene Waffeleisen, drückt dasselbe zu und bäckt die Waffeln schön braun. Man bewahrt sie in einem Blechkasten auf. In manchen Gegenden sind diese Waffeln ein beliebtes Neujahrsgebäck.

Zwieback mit Heidel- oder Waldbeeren

Man nimmt große Zwiebäcke und lässt sie einige Stunden vor dem Gebrauch in dem Saft der Heidelbeeren weichen, dann legt man sie flach in eine Kompottschüssel, streut 65 Gramm gestoßene bittere Makronen darüber, legt eine zweite Lage Zwieback darauf und dann die Beeren selbst. Eine vorzügliche Art, die Beeren einzumachen, ist folgende: Man kocht die gut ausgelesenen, gewaschenen Beeren ohne Zucker, wie Kompott, ein, dass sie weich, aber nicht zerkocht sind, füllt sie bis an den Hals in Flaschen, gibt etwas Wasser bis oben hin und stellt sie offen in den Keller. Sie halten sich 1 ganzes Jahr und es zeigt sich keine Probe Schimmel darauf. Vor dem Gebrauch kocht man sie mit Zucker und Zimt auf.

PUDDING

Apfelpudding

750 Gramm geschälte Äpfel, von denen das Kerngehäuse entfernt worden, werden mit 1 1/2 Liter Wasser weich gekocht und dann durch ein Sieb gerührt. Nun kommt 1 Pfund gestoßener Zucker in den Apfelbrei, dazu die abgeriebene Schale einer frischen Zitrone und der Saft derselben, 5 Esslöffel Arrak und zuletzt 65 Gramm rote Gelatine, die in 1/4 Liter Wasser aufgelöst ist. Nachdem die Masse gut durchgerührt ist, schüttet man sie in eine mit Wasser ausgeschwenkte Form und stellt sie recht kalt. Der Pudding muss tags vor dem Gebrauch bereitet werden. Die Hälfte der Masse genügt für 5 Personen. Eine Vanillesauce eignet sich am besten dazu.

Apfelsinenspeise

Man kocht 500 Gramm Reis in reichlich Wasser langsam gar, aber so, dass die Körner ganz bleiben, schüttet ihn dann auf ein Sieb, damit das Wasser abläuft und der Reis recht trocken wird. Hierauf rührt man den Saft von 6 Apfelsinen mit 500 Gramm Zucker so lange, bis er kocht, gibt den Reis hinein, lässt die Masse aufkochen und lässt sie in einer mit Wasser ausgespülten Form erkalten. Nach dem Stürzen verziert man den Pudding beliebig mit in Zucker gewälzten Apfelsinenscheibchen.

Arrakpudding

5 Platten rote Gelatine, 5 Eier, 125 Gramm Zucker, 1/2 Weinglas Arrak, 1 große Tasse weißer Wein. Gelatine mit dem Wein wird langsam auf schwachem Feuer aufgelöst, dann Eigelb mit dem Zucker 1/2 Stunde gerührt, Arrak und Gelatine hinzugefügt, zuletzt das steife Eiweiß durchgerührt und erkaltet in die Form gefüllt. Zu diesem und zu Zitronenpudding gehört eine Weißwein-Schaumsauce, der man einen Esslöffel Arrak hinzufügt.

Blanc manger

1 Liter Milch, 125 Gramm Stärke, 60 Gramm Zucker, 7 Eier, 1/2 Tasse geschälte gestoßene Mandeln, etwas abgeriebene Zitronenschale, Vanille und ein Stückchen Zimt werden in der Milch ausgekocht. Nachdem die Masse ordentlich durchgekocht ist, nimmt man sie vom Feuer und rührt zuletzt behutsam den steifen Schnee der 7 Eier durch. In mit Wasser ausgespülter Form lässt man den Pudding erkalten. Eine Fruchtsauce gehört dazu. Auch kann man saure Milch mit Himbeer- oder Johannesbeerensaft tüchtig verrühren, was eine wohlschme- ckende Sauce dazu ist.

Charlotte-Russe (sehr fein)

1/2 Liter Milch schlägt man mit 6 Eidottern, Zucker nach Geschmack und reichlich Vanille zu Creme. 10 Blatt weiße Gelatine löst man in wenig kochendem Wasser auf und schüttet sie, durchgesiebt, in die Eiermasse. Ist diese etwas abgekühlt, kalt und bereits steif darf sie noch nicht sein, rührt man 1/2 Liter Schlagrahm, der recht fest sein muss, daran. Eine glatte runde Form legt man mit Löffelbiskuits fest, dass sie aneinanderschließen, aus, nachdem man die Form vorher mit Mandelöl ausgepinselt hat, dann füllt man die Masse in die Form und stellt sie kalt, im Sommer auf Eis, damit sich die Charlotte-Russe gut stürzen lässt.

Deutsche Charlotte

1/2 Liter sauren Rahm schlägt man zu festem Schnee, desgleichen 3 Eiweiß, 8 Gramm rote und 8 Gramm weiße Gelatine löst man in 1/8 Liter kochendem Wasser auf und schüttet sie durch ein Mullläpp- chen zu dem Rahm, rührt 125 Gramm Zucker und Vanillin dazu und füllt die Masse in die Puddingform. Nach dem Stürzen legt man mit Arrak getränkte Schlagsahne und Früchte um den Pudding. Statt der roten Gelatine kann man auch weiße nehmen und eine Fruchtsauce zur Charlotte reichen. Eingemachte Erdbeeren eignen sich besonders gut zum Garnieren.

Eierkäse

8 Eier verquirlt man mit 3/4 Liter Milch, tut 75 Gramm gestoßenen Zucker, eine Messerspitze voll Zimt, etwas abgeriebene Zitrone dazu und lässt die Eiermasse im Wasserbade, indem man ein Porzellangefäß in einen Topf mit kochendem Wasser setzt, fest werden, was in 1/2 Stunde der Fall sein wird. Dann schüttet man den Eierkäse auf ein Sieb, lässt ihn abtropfen, füllt ihn dann in eine Form, lässt ihn erkalten, stürzt ihn und reicht gekochtes Obst oder eine Fruchtsauce dazu.

Einigkeitspudding

6 Eier, 100 Gramm Zucker, 3/4 Liter Milch, 25 Gramm weiße Gelatine. Eigelb, Zucker und Milch lässt man unter beständigem Schlagen kochen, dann rührt man die in Wasser aufgelöste Gelatine dazu, nimmt die Masse vom Herd, lässt sie etwas abkühlen und mischt den steifen Eierschnee und reichlich Vanillin darunter. Dann teilt man die Masse in 3 Teile, schüttet etwas Cochenille unter den ersten Teil, füllt diesen sofort in die mit Mandelöl ausgestrichene Form und stellt diese in kaltes Wasser. Bald darauf kann man den zweiten weißen Teil darauf schütten. Den dritten Teil färbt man mit einem reichlich gemessenen Esslöffel voll Kakao braun; diese Masse muss man auf dem Herde stehen lassen, sonst wird sie zu steif. Dieser schwarz-creme-rote Pudding sieht nach dem Stürzen sehr hübsch aus; man gibt eine Wein- oder Fruchtsauce dazu. Statt der Cochenille kann man auch 8 Gramm rote Gelatine unter das erste Drittel Masse tun, dann nimmt man natürlich 8 Gramm weiße Gelatine weniger.

Johannisbeerenpudding

2 Kilo rote Trauben geben 1 1/4 Kilo Saft. Man rechnet auf 60 Gramm Stärke 1/2 Kilo Saft und 250 Gramm Zucker.

Die Stärke wird mit dem Saft kalt angerührt, dann lässt man die Masse so lange kochen, bis sie sich vom Kessel loslöst und gibt sie in die Form.

Kakaopudding

2 Tassen Zucker, 1 Tasse Kakao, 3/4 Liter Milch, 12 Gramm weiße Gelatine. Die Gelatine wird in einem Teile der Milch aufgelöst, dann lässt man alles auf dem Feuer eben aufkochen und füllt die Masse in eine Form. Damit sich oben keine Haut bildet, rührt man vorsichtig die oberste Schicht bis zum Erkalten zuweilen um. Sehr hübsch nimmt sich der Pudding, welcher am besten tags vorher zubereitet wird, in einer Kranz- oder Rodonform nach dem Stürzen aus. In die mittlere Öffnung füllt man Schlagsahne mit Vanille gewürzt und garniert einen Schlagsahnenrand um den Pudding, aber erst kurz vor dem Servieren, damit die Sahne nicht dünn wird.

Kakaopudding mit Stärke

125 Gramm Stärke, 125 Gramm Kakao, 1 Liter Milch und 130 Gramm Zucker oder nach Belieben noch etwas mehr. Dies alles wird vorsichtig verrührt, damit es keine Klumpen gibt und ordentlich durchkocht; etwas erkaltet gibt man die Masse in die Form.

Kakaopudding mit Wasser statt Milch

15 Platten weiße Gelatine, 125 Gramm Kakao, 1 Liter Wasser, 2 Tassen Zucker und etwas Vanille oder 1 gute Messerspitze Vanillin.

Man lässt die Gelatine mit einem Teile des Wassers zergehen. Währenddessen kocht man den Kakao, Zucker und den anderen Teil des Wassers, lässt es mit der Gelatine nochmals aufkochen und füllt die Masse, etwas erkaltet, in die Form.

Kirsch-Flammin[17]

1/2 Liter Flüssigkeit, das heißt: 1/3 Kirschsaft, 1/3 Wein und 1/3 Wasser, 110 Gramm feine Stärke und 1 Esslöffel Kartoffelmehl, in einem kleinen Teil des Wassers aufgelöst, wird, sobald die übrige Flüssigkeit kocht, hinzugetan, Zucker nach Belieben (es richtet sich danach, wie süß der Kirschsaft ist) und Zitronenschale. Die Masse wird etwas erkaltet in die Form gefüllt und kann an demselben Tage, gehörig erkaltet, gestürzt werden. Hierzu passt eine Mandelsauce am besten.

Kochpudding

250 Gramm Mehl, 3 Eier, 50 Gramm Butter, 100 Gramm halb Sultanrosinen, halb Korinthen, 4 Esslöffel voll Zucker, etwas Salz, die abgeriebene Schale 1/2 Zitrone, 50 Gramm geschnittenes Zitronat, 1/4 Liter Milch (reichlich) und 1/2 Backpulver. Dies alles verrührt man gut, gibt zuletzt den Eierschnee und das durch ein Siebchen gerührte Backpulver darunter. Die Puddingform streicht man mit Butter aus, streut Zwiebackkrumen oder Paniermehl hinein und lässt die Puddingmasse im Wasserbade 2 Stunden kochen. Man reicht eine Obstsauce oder eingemachte Früchte dazu.

Makronenpudding, kalter

Man lege 125 Gramm Löffelbiskuits und ferner 125 Gramm Makronen, die man in ein wenig mit Wasser verdünnte Punchessenz taucht,

---

17   Anm. des Verlags: Hier könnte ein Flammkuchen o.ä. gemeint sein.

in eine Puddingform, streut 60 Gramm fein geschnittenes Zitronat und 50 Gramm Pommeranzenschale dazwischen und fügt 75 Gramm Sultanrosinen, die man, mit etwas Wasser befeuchtet, im Backofen quillen lässt, damit sie weich werden, hinzu. 8 Eigelb verrührt man mit 200 Gramm Zucker, lässt 1/2 Stange Vanille in 1 Liter Milch ausziehen, löst 30 Gramm weiße Gelatine in heißem Wasser auf, schüttet sie mit den Eigelb in die kochende Milch und lässt alles eben aufkochen. Man füllt die Masse dann in die Form, stellt sie kalt und stürzt den Pudding vor dem Gebrauch. Folgende Sauce reicht man dazu: – 2 Eigelb, 4 Esslöffel Burgunder-Punsch oder Arrak mit etwas Himbeersaft vermischt, verrührt man und gibt 1/4 Liter süßen Rahm, den man recht steif geschlagen hat, hinzu. Man umgibt den Pudding mit dieser Sauce.

Mandelpudding

120 Gramm süße, abgezogene, gestoßene Mandeln, 1/4 Liter süße Sahne, 8 Platten in Wasser aufgelöste Gelatine, etwa 1/4 Liter Wasser und 125 Gramm Zucker. Diese Masse wird über dem Feuer gerührt, bis sie anfängt dick zu werden, darf aber nicht kochen und wird dann erst in die mit Mandelöl bestrichene Form gefüllt.

Orangenpudding

8 Blatt weiße Gelatine, 125 Gramm gestoßener Zucker, die Schale von 2 Apfelsinen, ebenso der Saft und 6 Eigelb, 1/4 Liter Weißwein und der Schnee von 2 Eiern.

Die Orangen reibt man leicht ab, dann presst man den Saft aus, rührt Eigelb, Wein und Zucker darunter, schlägt die Masse über dem Feuer, schüttet die aufgelöste Gelatine dazu, lässt alles bis vors Kochen kommen, rührt, wenn die Masse vom Feuer genommen ist, den Eierschnee darunter, rührt, bis sie erkaltet ist, und füllt sie dann in eine mit Mandelöl ausgestrichene Form.

Nach dem Stürzen garniert man den Pudding mit eingemachten Erdbeeren oder reicht eine Fruchtsauce dazu.

Kalter, roter Reispudding

250 Gramm gemahlener Reis wird mit 1/2 Liter Johannisbeersaft, 1/2 Liter Wasser, 125 Gramm gestoßenem Zucker, der Schale 1 Zitrone und einem Stückchen Zimt unter beständigem Rühren steifgekocht, in eine Form gefüllt und kurz vor dem Gebrauch gestürzt.

Zur Sauce kocht man 1/2 Liter süße Sahne mit Zimt und Zucker und rührt, wenn man die Sauce vom Feuer genommen, dieselbe mit 4 Eidottern ab.

Rote Grütze

150 Gramm Grießmehl, 125 Gramm Zucker, Vanillezucker und 1 Liter Saft. Zur Einmachzeit kocht man die ausgepressten Johannis- oder Himbeeren mit Wasser tüchtig aus und kann den so gewonnenen Saft zu diesem Pudding verwenden. Im Winter nimmt man 1/2 Liter süßen Saft und 1/2 Liter halb Wasser, halb weißen Wein und lässt den Zucker fort. Man lässt den Saft mit dem Zucker kochen, schüttet das Grießmehl langsam hinein und lässt die Masse unter beständigem Rühren wieder 10 Minuten kochen. Dann schüttet man dieselbe in die mit Wasser ausgespülte Form und reicht zu dem gestürzten Pudding Schlagrahm oder eine Vanillesauce.

Saure-Milch-Pudding

1/2 Liter saurer Rahm (oder saure Milch), 1/2 Liter süße Milch, Saft und etwas abgeriebene Schale 1 Zitrone, Zucker nach Geschmack, 9 Blatt weiße Gelatine in etwas Wasser aufgelöst und 2 Eier, das Weiße zu Schnee geschlagen. Will man dem Pudding etwas Farbe geben, nimmt man, statt der weißen, rote Gelatine und lässt die Eigelb fort.

Am besten macht man den Pudding einen Tag vor dem Gebrauch. Eine Obstsauce gehört dazu.

Schneepudding

1 Liter Milch, 75 Gramm Stärke, 40 Stück süße Mandeln, 6 bittere, 8 Eiweiß und 1 Stückchen Vanille und 90 Gramm gestoßenen Zucker.

Die Mandeln werden geschält und feingemahlen, man lässt sie mit der Milch, Zucker und Vanille aufkochen, rührt die in Wasser aufgelöste Stärke hinein, kocht es tüchtig durch, nimmt die Masse vom Feuer, gibt den steifen Eierschnee hinein und füllt, nachdem der Schnee darunter gerührt ist, die Puddingmasse in die mit Wasser ausgeschwenkte Form. Es ist ratsam, den Pudding tags vor dem Gebrauch zu machen. Hat man überflüssiges Eiweiß, kann man mehr wie von 8 Eiern nehmen, was den Pudding locker macht, ohne zu schaden. Nach dem Stürzen legt man eine kleine frische Rose mit grünen Blättern in die Mitte, wodurch der Pudding hübsch verziert wird.

Schokoladenpudding I.

8 – 10 Streifen Gelatine, im Winter kann man 8, dagegen muss man im Sommer 10 nehmen, weicht man im Backofen mit 2 Tassen Wasser auf, bis sie ganz zergangen sind. Dann nimmt man 1 Liter Milch, 250 Gramm Schokolade, 6 Eigelb und Zucker nach Geschmack, etwa 120 Gramm. Dies klopft man mit dem Besen über dem Feuer, bis es kocht, tut die aufgelöste Gelatine hinzu, lässt es eben durchkochen, nimmt es vom Feuer und rührt den steifen Schnee der 6 Eier durch.

In einer mit Mandelöl bestrichenen Form lässt man den Pudding erkalten.

Schokoladenpudding II. (vorzüglich)

Ein Stück Vanille, nachdem die schwarzen Körnchen herausgemacht, wodurch der Geschmack sich den Speisen besser mitteilt, wird mit 200 Gramm bester süßer Vanilleschokolade und 70 Gramm bitterer Schokolade im Wasser gut eingeweicht, aufs Feuer gebracht und mit

125 Gramm Zucker und 6 Eidottern unter beständigem Umrühren bis zum Aufkochen mit dem Schaumbesen geschlagen. Dann stellt man die Masse beiseite und rührt 20 Gramm aufgelöste Hausenblase und den festen Schaum der 6 Eier durch. Ein Schlagsahnenrand schmeckt ebenso gut wie Vanillesauce dazu.

Schwarzbrot-Pudding (kalt oder warm)

1 Ei dick Butter rührt man schaumig, gibt 4 Eidotter, 3 Esslöffel mit der braunen Schale geriebene Mandeln, etwas Zitronenschale, 1 Teelöffel Zimt, halb so viel gestoßene Nägelchen und 6 Esslöffel Zucker hinein. Dann röstet man Schwarzbrot etwas im Ofen an und tut 2 knappe Tassen voll fein gestoßenes Brot hinzu, ein wenig Rum und nach Belieben Zitronat, zuletzt den steifen Eierschnee. Alles gut verrührt, lässt man die Masse in der mit Butter und Zwieback hergerichteten Form 1 1/2 Stunden vorsichtig kochen. Eine Weißwein-Schaumsauce mit Rum schmeckt am besten dazu. Kalt ist der Pudding ebenso schmackhaft, wie warm zur Tafel gegeben.

Stärkepudding

1 Liter Milch, 2 Eier, 2 Esslöffel voll Zucker, 2 gehäufte Esslöffel voll Stärke, Vanille nach Geschmack. Die Stärke rührt man mit etwas von der Milch an, tut den Zucker und die ganzen Eier hinzu, verrührt es tüchtig und schüttet diese Masse in die kochende Milch und schlägt alles mit der Schneerute, bis es aufkocht. Hierauf füllt man die Masse in die mit Wasser ausgeschwenkte Form. Ist der Pudding gestürzt, schüttet man Himbeersaft ringsum auf die Schüssel, es sieht hübscher aus, als wenn man den Saft in einer Sauciere dazureicht.

Stärkepudding mit Hygiama

Unter die oben beschriebene „Stärkepudding"-Masse rührt man 1 gehäuften Esslöffel voll Hygiama-Pulver und bereitet im Übrigen den Pudding ganz nach Vorschrift.

Sultansspeise (teuer, aber vorzüglich)

3/4 Liter Milch, 125 Gramm Zucker, 1 Stück Vanille, 3 Esslöffel Mehl, mit Milch und 6 Eigelb glatt gerührt, 10 Blätter weiße Gelatine in Wasser aufgelöst; dies alles wird gekocht. Etwas abgekühlt gibt man 100 Gramm Sultanrosinen, 60 Gramm mit Arrak getränkte Biskuits, für 15 Pfg.[18] Zitronat in kleine Stückchen geschnitten und den Schnee darunter. In einer mit Mandelöl ausgestrichenen Form wird die Masse kaltgestellt. Sauce gehört zu dieser Speise nicht. Nach dem Stürzen garniert man den Pudding mit Makronen, Aprikosen, Erdbeeren oder Gelee, man wechselt ab, eine Makrone, etwas Frucht oder ein Löffel ganz steifes Gelee und arrangiert einen hübschen Rand.

Vanillepudding

1 Liter süße Sahne wird mit einer Stange Vanille und etwas Zucker vors Kochen gebracht, 10 Eigelb, mit ein wenig zurückgelassener Sahne gequirlt, zu der Sahne gegeben und die Masse über dem Feuer gerührt, bis sie dicklich wird; dann nimmt man sie ab, gibt 12 in Wasser aufgelöste Blatt weiße Gelatine darunter und den Schnee von 5 Eiern, rührt die Creme, bis sie kalt ist und schüttet sie dann erst in die mit Mandelöl ausgestrichene Form. Man macht den Pudding am besten tags vor dem Gebrauch und verziert ihn nach dem Stürzen mit eingemachten Früchten.

---

18   Anm. des Verlags: Pfg. ist die Abkürzung für Pfennig.

Weinpudding

1/2 Liter Weißwein, 200 Gramm Zucker, 12 Eigelb, Schale und Saft von 2 Zitronen und 15 Platten weiße Gelatine.

Eigelb, Zucker und Zitronen werden tüchtig verrührt, die Gelatine, in dem Wein aufgelöst, hinzugefügt und zuletzt der Schnee von 10 Eiern daruntergemischt.

Zitronenpudding

125 Gramm Zucker, 5 Eigelb, Saft und Schale 1 Zitrone, 16 Gramm weiße Gelatine, 1 Bouillon-Tasse weißer Wein. Die Eidotter mit dem Weine rührt man 1/2 Stunde; man halte dies nicht für überflüssig, da sich sonst die Gelatine auf den Boden setzt und die übrige Masse weich bleibt. Nach dieser Zeit rührt man die in dem Wein aufgelöste Gelatine und den steifen Eierschnee der 5 Eier hinzu und gibt die Masse in eine mit Wasser ausgeschwenkte Form.

CREME

Barkäse (englisches Rezept)

4 Liter Milch; die Hälfte wird gekocht und lauwarm unter die andere Milch gegossen. Dann lässt man diese 36 Stunden stehen, tut hierauf alles in ein Tuch und lässt das Wasser 12 Stunden auslaufen, rührt den Käse durch ein Haarsieb und gibt etwas gestoßenen Zucker und süßen Rahm hinein; da der Käse durch dieses Verfahren sehr mild wird, gehört nicht unbedingt süßer Rahm dazu.

Barkäse mit Hygiama

Der durch leichte Verdaulichkeit und großen Nährwert viel verordnete Quark oder Siebkäse wird besonders gut, wenn man ihn nach dem Rezept „Barkäse (englisches Rezept)" bereitet. Kauft man den Käse, so treibt man ihn dreimal durch die Fleischhackmaschine, damit er recht fein wird, rührt süßen Rahm und Zucker darunter und streut statt des Zimtes Hygiama-Pulver mittelst eines Siebchens darüber.

Creme von Himbeeren oder Johannistrauben

1/2 Liter Flüssigkeit süßt man nach Geschmack, setzt sie aufs Feuer mit etwas Zimt, rührt 6 Eigelb hinein, lässt sie vors Kochen kommen, tut den steifen Eierschnee hinzu und schlägt die Masse beständig mit einem Besen, bis sie kocht. Benutzt man den ausgepressten Saft von frischen Früchten, nimmt man ihn unverdünnt; will man im Winter die Creme von Obstsaft machen, muss man den Saft mit weißem Wein oder Rotwein vermischen, 2/3 Saft, 1/3 Wein ist das richtige Verhältnis, weil sonst die Creme von purem eingekochtem Saft zu süß wird. Sehr wohlschmeckend ist, wenn man halb bittere, halb süße Makronen stößt und in die Glasschüssel eine Lage Makronen und Creme darüber gibt und so fortfährt, bis die Schüssel gefüllt ist.

Donna Maria

1 Liter Milch, 100 Gramm Zucker, die abgeriebene Schale 1 Zitrone, 100 süße und 5 Stück bittere abgezogene, gestoßene Mandeln, etwas Vanille lässt man zusammen aufkochen, dann verrührt man 8 Eidotter mit Milch, schüttet sie zur Masse, nimmt sie vom Feuer, mischt 50 Gramm in ein wenig Wasser aufgelöste, je nach Belieben rote oder weiße Gelatine mit dem steifen Eierschnee der 7 Eiweiß dazu und gibt die Masse in eine Schale oder Form.

Erdbeerschaum

Man verrührt Erdbeeren ganz fein, schlägt von 3 Eiern das Weiße zu festem Schaum, tut Zucker nach Geschmack hinzu und mischt die Erdbeeren darunter. Will man die Speise noch schmackhafter herstellen, rührt man 1/4 Liter dicke süße Sahne darunter. Man serviert die Speise in einer Glasschüssel.

Geschlagene Sahne mit Schwarzbrot und Fruchtgelee

Dicke süße Sahne wird zu Schaum geschlagen, halb Weiß- und halb Schwarzbrot gerieben, mit Zucker und Zimt vermischt. Dann legt man in eine Cremeschüssel lagenweise Brot und Fruchtgelee oder eingemachte Erdbeeren. Die Sahne wird obendrauf geschüttet, hübsch glatt gestrichen und, mit Früchten verziert, serviert.

Hygiama-Kakaocreme

100 Gramm Kakao, 2 Esslöffel voll Hygiama, 150 Gramm Zucker, 50 Gramm Stärke, 1 Liter halb Milch, halb Wasser und etwas Vanille. Die Stärke rührt man, ebenso wie Kakao und Hygiama, mit der Milch an, tut den Zucker und die Vanille oder Vanillezucker hinzu und lässt

unter beständigem Rühren die Creme eine Weile kochen. Die Creme ist außer ihrem Nährwert recht schmackhaft.

Mandelreis

Man kocht Reis nach dem Rezept wie „Sahnereis", stößt 2 Handvoll abgezogene süße Mandeln, rührt 4 Eigelb darunter, etwas Zitronenschale und Zucker; hat man dies alles gut verrührt, gibt man den steifen Eierschaum hinzu und richtet den Reis in einer hübschen Schale mit Makronen verziert an. Auf 4 Eier sind 250 Gramm Reis zu rechnen. Der Reis muss recht steif gekocht werden, sonst wird er zu dünn, wenn die Eier dazukommen.

Poupet

Für 6 Personen nimmt man etwa 8 Eiweiß zu festem Schaum geschlagen, dann rührt man Gelee oder Marmelade darunter, tut dies in eine mit Butter und Zwieback zubereitete Form und lässt es 1/4 – 1/2 Stunde backen; man serviert es in der Platte mit Zucker bestreut. Hat man die Speise gern süß, rührt man 1/2 Tasse Zucker unter den Eierschnee, sonst genügt es auch, wenn man beim Schlagen des Eiweißes einen Esslöffel gestoßenen Zucker hineingibt. Es kommt ganz auf den Geschmack hierbei an.

Reiscreme

200 Gramm Reis wird fein gestoßen, mit 1 Liter Milch gekocht, bis er recht dick ist; dann rührt man etwas Rosenwasser, Zucker nach Geschmack und 4 Eidotter hinein und serviert die Creme recht kalt.

Russische Creme (vorzüglich)

125 Gramm Zucker rührt man 1/2 Stunde mit 6 Eigelb, gibt 1 großes Weinglas voll Arrak dazu, den steifen Schnee von 3 Eiern und 1/2 Liter zu festem Schaum geschlagenen süßen Rahm. Dies alles verrührt man behutsam und gibt die Creme bald zu Tisch.

Sahnereis

Reis kocht sich am schönsten, wenn man die Milch vorher kocht. Man brühe den Reis mit heißem Wasser mehrmals ab, auf jede Person rechnet man 1 Esslöffel trockenen Reis, und schüttet dann die gekochte Milch darüber. Den Reis im Topf trocken werden zu lassen und mit Milch nachzugießen, ist ein ganz verkehrtes Verfahren. Man lässt den Reis, ohne umzurühren, mit einem Stück Vanille langsam kochen. Ist er gar, nimmt man ihn vom Feuer und rührt, erkaltet, schöne dickgeschlagene Sahne darunter, süßt den Reis und füllt ihn in Tassen; mit süß eingemachten, sauren Kirschen verziert man den Reis, indem man einige Kirschen in die Runde legt. Um das Anbrennen beim Reiskochen zu verhüten, tut man ein Stückchen Butter in den Topf, bevor man den Reis hineinschüttet.

Schokoladenreis

125 Gramm gut gewaschener Reis, 50 Gramm Schokoladenpulver (von Reichard[19]), noch etwas Zucker und 1 Liter halb Wasser, halb Milch. Dies lässt man ganz langsam kochen, bis der Reis gar ist, die Körner müssen ganz bleiben. Erkaltet richtet man den Reis bergartig auf einer Schüssel an und umgibt ihn mit einer Vanillesauce.

---

19   Anm. des Verlags: Hier ist die Kakao Compagnie Theodor Reichardt gemeint, die 1892 in Halle/Saale von Friedrich Neumann und Theodor Reichardt gegründet wurde. Heute produziert die Firma Schokoladentafeln und Pralinen als Marke der STOLLWERCK GmbH.

Will man den Reis stürzen, so mischt man 8 Gramm aufgelöste weiße Gelatine unter die Masse.

Tutti-Frutti-Creme

Zuerst werden einige Biskuits, in Punsch getränkt, lagenweise in eine Schale gelegt, statt des Punsches kann man auch Arrak mit Wasser verdünnt, nehmen, dann gibt man die eingemachten Früchte mit etwas Saft darüber und füllt die Schale mit Vanillecreme auf. Hierzu eignet sich vorzüglich der Inhalt eines Paketchens Liebigs Vanillepuddingpulver[20]. Man kocht die Creme nach der auf der Papierhülse aufgedruckten Vorschrift und gibt Eidotter und nachher den Eierschnee hinein. Ich rate dies der Bequemlichkeit wegen an; feiner ist immerhin eine gut gekochte Vanillecreme.

Weincreme

1/2 Flasche Weißwein, knapp 1/4 Liter Wasser, 4 Eier, Saft 1 Zitrone, 250 Gramm Zucker, 6 Blatt weiße Gelatine.

Die Gelatine schneidet man in Stückchen, dies alles, außer dem Eiweiß, setzt man auf's Feuer, bis es kocht, rührt hierauf den steifen Eierschnee darunter und füllt die Masse in die mit Wasser ausgespülte Form. Man macht die Creme am besten tags vor dem Gebrauch, damit sie sich stürzen lässt.

---

20   Anm. des Verlags: Das Unternehmen „Meine & Liebig" ist (die) älteste Backpulver- und Puddingpulverfabrik Deutschlands. Heute ist „Liebig" nur noch als französische Marke, spezialisiert auf die Herstellung von Suppen, existent und gehört der spanischen „GBfoods-Gruppe" an.

Zitronencreme, roh gerührte

4 Eier, 125 Gramm Zucker, 3 Blatt weiße Gelatine, Saft und Schale von 1 Zitrone. Eigelb, Zucker, Zitronensaft und Schale rührt man 1/2 Stunde, gibt dann die in heißem Wasser aufgelöste Gelatine und den steifen Schnee der Eier hinzu und füllt die Creme in eine Kristallschale, worin man sie serviert. Statt einer Zitrone kann man auch den Saft von 2 und die Schale von 1 Apfelsine verwenden.

GUSS UND GLASUR

Braune Glasur

Butterteig glaciert man, wenn er gar gebacken ist. Dann streut man fein gesiebten Zucker darüber und schiebt das Backwerk so lange in einen recht heißen Ofen, bis der Zucker geschmolzen und wie eine Glasplatte aussieht.

Gekochte Zuckerglasur

250 Gramm Hutzucker taucht man in Wasser, lässt den Zucker über dem Feuer klar kochen, bestreicht die Kuchen damit recht heiß und lässt den Guss im Ofen antrocknen.

Guss über eine Torte

125 Gramm feinen Zucker rührt man lange mit dem Schnee von 2 Eiern und dem Saft 1 Zitrone. Wünscht man den Guss rosa, so verrührt man ein Gläschen Himbeergelee darunter. Diesen Guss streicht man behutsam auf die Torte und lässt ihn im kühlen Backofen trocknen.

Guss über kleines Backwerk

Hierzu nimmt man den Schnee von 1 Ei und 125 Gramm Zucker. Je länger man rührt, desto weißer wird der Guss. Rosa färbt man mit etwas Cochenille, braun mit Kakao.

Schokoladenguss

150 Gramm geriebene Schokolade löst man mit 3 Esslöffeln voll kaltem Wasser auf und lässt sie aufkochen. Dann gibt man 150 Gramm

feinen Zucker hinzu und kocht die Glasur so lange, bis sie Fäden zieht. Vom Feuer genommen, rührt man noch eine Weile und streicht den Guss noch heiß über den Kuchen.

Spritzglasur

Hierzu nimmt man gleichfalls 125 Gramm vom feinsten Zucker, den Schnee von 1 Ei und ein klein wenig Essig, was die Glasur glatt macht. Nun dreht man von weißem Papier eine kleine Tüte, lässt unten eine winzige Öffnung und drückt die Glasur, nachdem man sie eingefüllt hat, durch. Am besten macht man sich eine kleine Zeichnung, wie man den Kuchen verzieren will. Übung macht hier, wie bei allem, den Meister.

Vanillesauce

1 Liter Milch, 2 Esslöffel Mehl, 3 Eidotter, Zucker nach Gutdünken und Vanille.
Vanille, Mehl und Eidotter werden mit der Hälfte der Milch kalt angerührt, gekocht und dann in die andere kochende Milch gegossen.

Vanillesauce zu Schokoladenpuddings usw.

3 Eigelb, 125 Gramm Zucker, Vanille, 1 Liter Milch und 1 großer Esslöffel Mehl. Dies wird vorsichtig verrührt und tüchtig durchgekocht.

Wasserglasur

125 Gramm Zucker rührt man mit etwas Orangenwasser so lange, bis der Zucker geschmolzen ist. Diesen Guss streicht man auf fertiges Hefenbackwerk, Rodon und dergleichen, vermittelst eines Pinsels und lässt den Guss in einem kühlen Ofen trocknen.

GELEE

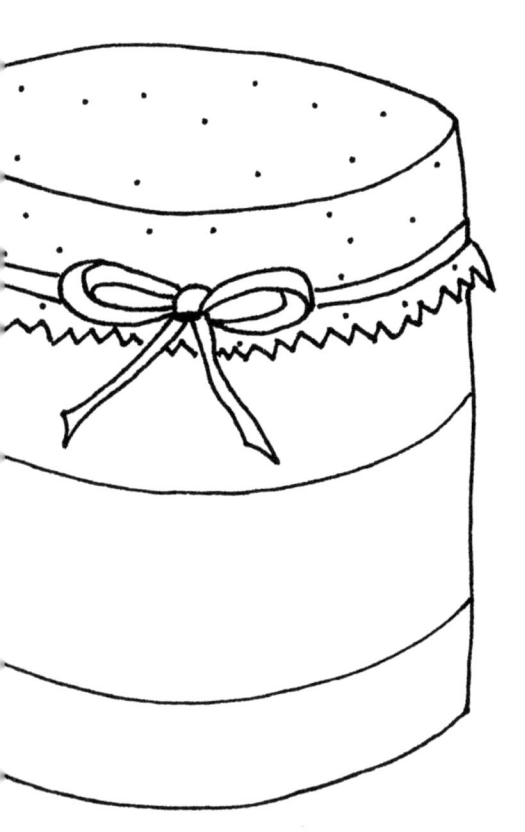

Apfelgeleespeise

500 Gramm gestoßener Zucker, reichlich 1/2 Liter Wasser, 500 Gramm geschälte und in Scheiben geschnittene Äpfel, 30 Gramm (weiße) Gelatine, 1/4 Liter Weißwein, abgeriebene Schale und Saft 1 Zitrone.

Man läutere[21] den Zucker in Wasser, lege die Äpfel in das kochende Zuckerwasser, lasse sie klar und weich kochen, dann nimmt man die Scheiben heraus, legt sie in eine Form, gibt den Zitronensaft und die im Wein aufgelöste Gelatine in die kochende Flüssigkeit, vermischt alles gut und gibt sie über die Apfelscheiben. Man kann nach Belieben 20 Gramm weiße Gelatine und 10 Gramm rote nehmen, oder nur weiße allein, wie oben angegeben.

Gestürztes Weingelee

1 Flasche Weißwein, 5 Esslöffel Kirschsaft, 17 Platten rote Gelatine, im Sommer 20, 1 Stange Zimt, Schale und Saft von 1 – 2 Zitronen, einige Gewürznelken, Zucker nach Geschmack. Dies zusammen, mit Ausnahme der Gelatine, wird gekocht, die in 1 Tasse Wasser aufgelöste Gelatine hinzugegeben und dann bis zum Kochen gebracht, hierauf lässt man das Gelee durch ein Tuch oder einen Geleebeutel laufen und in einer gut ausgespülten Form erkalten.

Himbeerspeise

4 Eiweiß schlägt man zu festem Schnee, rührt 6 Gramm rote und 6 Gramm weiße Gelatine, in 1/4 Liter Wasser aufgelöst, dazu, gibt 3/8 Liter Himbeersaft unter die Masse und schüttet sie in eine tiefe Form. Am folgenden Tag schöpft man mit einem Esslöffel von dem Schaum

---

21   Anm. des Verlags: läutern bedeutet, etwas zu reinigen, klären, von Verunreinigung zu befreien.

und richtet die Eier bergartig in einer Schüssel an. Von den 4 Eigelb macht man eine Vanillecreme und schüttet sie um die Schneeeier.

Kaffeespeise

Von 50 Gramm gemahlenem, guten Kaffee kocht man 1 Tasse Kaffee-extrakt, rührt ihn mit 3 Eidottern nebst 3 Esslöffeln Zucker über dem Feuer, bis die Masse Blasen wirft, gibt 15 Gramm in etwas Wasser auf-gelöste Gelatine dazu, lässt sie abkühlen, rührt dann 1/2 Liter geschla-gene süße Sahne darunter und füllt die Masse in eine mit Mandelöl ausgestrichene Form, welche kurz vor dem Gebrauch umzustürzen ist.

Milchgelee

1 Liter Milch wird mit 1 Pfund Zucker 10 Minuten gekocht, 30 Gramm Gelatine in 1 Tasse Wasser aufgelöst, der Saft von 4 Zitro-nen und 3 Gläser guter Rheinwein hinzugefügt, jedoch erst, wenn die Milch etwas abgekühlt ist, um das Gerinnen zu vermeiden. Auch kann man Zitronenschale, sowie Arrak nach Geschmack hinzufügen. Die Masse wird in Gläser gefüllt. Dies ist ein ärztlich empfohlenes Rezept für Rekonvaleszenten, für Kranke lässt man indes die Zitronenschale besser fort.

Punschgelee

Einen Teelöffel voll Teeblätter lässt man in 1/4 Liter kochendem Wasser ausziehen, dann gießt man diesen Tee über 350 Gramm Hut-zucker, gibt die abgeschälte Schale 1 Zitrone hinzu und lässt dies auf dem Herd ziehen. Dann erwärmt man 1/4 Liter weißen Wein, löst 12 Gramm rote Gelatine darin auf, gießt dies durch ein Mulläppchen zu dem Übrigen, drückt den Saft der Zitrone dazu, gießt 1/4 Liter Arrak zu dem Gelee und füllt es in Weingläser.

Quittenbrot

2/3 Birnquitten, 1/3 Äpfel schält man, schneidet sie in Stücke und kocht sie weich, mit Wasser bedeckt. Den Saft lässt man durch ein Haarsieb laufen und kocht ihn – auf 1 Kilo Saft 1 Kilo Zucker – zu Gelee ein. Das zurückgebliebene Mus rührt man durch ein Haarsieb und kocht es mit Zucker: Pfund auf Pfund. Man nehme aber nie mehr als 750 Gramm Mark auf 750 Gramm Zucker auf einmal. Auf starkem Feuer lässt man die Masse möglichst schnell zum Kochen kommen und kocht sie, vom Kochen an gerechnet, genau 13 Minuten. Hierauf füllt man die Masse heiß in kleine Blechformen ein, lässt sie erkalten und stürzt sie am folgenden Tage. Man hebt das Quittenbrot am besten in Blechdosen oder zugeschraubten Gläsern auf; es ist ganz ausgezeichnet von Geschmack und klebt nicht, wenn es schnell gekocht wird.

Quittenwürste

14 Quitten reibt man mit einem Tuch ab, schneidet die Blüte heraus und kocht sie in Wasser weich. Dann zieht man die Schale ab und schneidet das Mark bis auf das Kerngehäuse herunter. Diese Masse treibt man durch ein grobes Sieb, nimmt so viel feinen Zucker wie Quittenmark und kocht dies unter beständigem Rühren, bis es anfängt, sich von dem Topf zu lösen. 50 Gramm abgezogene Mandeln schneidet man in kleine Würfel und rührt sie unter die mit etwas Cochenille rot gefärbte Quittenmasse; diese füllt man in gut gereinigte, dünne Därme und bindet sie mit starker Baumwolle in 8 – 10 Zentimeter Entfernung ab. Nun wischt man die Würste sauber ab, lässt sie im mäßig warmen Ofen trocknen und bindet an die Wurstenden winzige Schleifen von schmalem blauen Atlasband.

Aus Wasser und Zucker und so viel Mehl, dass der Teig fest zum Welgern ist, kann man auch statt des Darmes eine Wursthülle für dicke Würste bereiten. Man rollt diese Masse dünn aus, legt eine mit der Hand geformte Wurst darauf und rollt diese ein, oben und unten drückt man die Masse zusammen. Diese Würste sehen wie Leberwurst aus und halten sich recht gut.

Weingelee mit Erdbeeren

Eine Flasche Weißwein, Saft und Schale 1 Zitrone, Zucker nach Geschmack, etwa 125 Gramm. Dies lässt man aufkochen. Dann löst man je 4 Tafeln rote und weiße Gelatine in etwas Wasser auf und gibt die Flüssigkeit zum Wein. Abgekühlt schüttet man einen Teil in eine Glasschüssel, lässt das Gelee steif werden und legt frische, in Zucker umgedrehte Erdbeeren darüber, so wechselt man ab mit Früchten und Gelee, die oberste Lage Frucht muss mit Gelee bedeckt sein. Am anderen Tage verziert man dasselbe mit frischen Erdbeeren. Das Gericht ist sehr schmackhaft und sieht hübsch aus. Die Flüssigkeit zum Nachfüllen stellt man an einen warmen Ort, damit sie dünn bleibt, das Gelee in den Keller in eine Schüssel mit kaltem Wasser. Im Winter nimmt man statt der frischen eingemachten Erdbeeren, was auch recht wohlschmeckend, nur nicht so hübsch ist, weil die eingemachten Erdbeeren die schöne Farbe verlieren.

Wohlfeiles Weingelee

1 Flasche Äpfel- oder Birnwein, 200 Gramm Zucker, 12 Platten rote Gelatine. 1 fingerlanges Stück Zimt und 4 Nägelchen lässt man in dem Wein ausziehen, auch etwas Apfelsinenschale, wenn man solche hat, dann löst man in 1 Tasse Wasser die Gelatine auf; rührt diese, den Zucker, sowie einige Stückchen Zitronensäure darunter und füllt das Gelee in eine Glasschüssel.

Eis

Balomba

1/8 Liter Wasser wird mit 55 Gramm gestoßenem Zucker und 1/2 Stange Vanille, nachdem das Inwendige vorsichtig herausgemacht und hinzugetan, aufgekocht, dann zur Seite gestellt, dass es 1/2 Stunde zieht. Danach quirlt man 2 Eigelb mit Wasser klar und rührt sie mit der zur Seite gesetzten Flüssigkeit auf dem Feuer so lange, bis sie anfängt sämig zu werden, dann gibt man die Masse durch ein Haarsieb und streicht sie fest durch, dass die Vanille gut mit durchkommt. Das Ganze schlägt man hierauf tüchtig mit einem Besen, wodurch die Masse sich bedeutend vermehrt. Ist dies gut kalt geworden, wird die Masse mit 1/8 Liter zu steifem Schnee geschlagener süßer Sahne vermischt und zum Gefrieren in die Eismaschine gefüllt. Wer keine Eismaschine besitzt, lässt die Masse auf folgende Weise gefrieren, was mit ein wenig Aufmerksamkeit ganz einfach ist. Man gibt die Balombamasse in eine verschließbare Blech-Puddingsform, in Ermangelung einer solchen in eine gewöhnliche Blechbüchse, und stellt sie in Eis. Man dreht die Form so lange im Eise, bis die Masse sich angesetzt hat, sticht sie dann vom Rande los, aber rührt nicht darin, weil sie sonst leicht flüssig wird, dreht die Form nochmals, bis die Masse sich zum zweiten Male ansetzt. Dann verpackt man die Form fest im Eise und lässt sie bis 2 Stunden vor dem Gebrauche stehen. Diese Portion ist für 6 Personen berechnet.

Erdbeereis

1 Liter Erdbeeren, am besten eignen sich Walderdbeeren dazu, reibt man durch ein Haarsieb, rührt 1 Pfund feinen Zucker und 1/2 Liter Wasser darunter und füllt die Flüssigkeit zum Gefrieren in die Eismaschine.

Himbeereis

macht man nach demselben Rezept wie „Erdbeereis", nur muss man die Beeren vor dem Gebrauch vorsichtig waschen und kurze Zeit mit dem Sieb ganz in Wasser stellen, damit die Maden, die vielfach in Himbeeren stecken, an die Oberfläche kommen. Dann lässt man das Wasser gut ablaufen und verrührt sie nach der Angabe wie die Erdbeeren. Es ist ratsam, die Speise 10 – 12 Stunden vor dem Gebrauch zu machen.

Rahmgefrorenes

1 Liter dicke süße Sahne stellt man auf Eis, schlägt sie dann zu festem Schaum, nimmt das Obere mit dem Schaumlöffel ab, tut es auf ein Haarsieb und fährt damit so lange fort, bis die ganze Sahne zu Schaum geschlagen ist. Unter diesen Schnee rührt man 250 Gramm feinen Zucker und Vanillezucker und teilt die Masse in 3 Teile. Unter den weißen Schnee rührt man etwas Maraschino und füllt ihn in die mit Wasser ausgespülte Puddingform. Die zweite Portion färbt man mit etwas Cochenille rosa. Die dritte Portion färbt man mit 30 Gramm feiner Vanilleschokolade, die man ohne Wasser auf dem Herd zergehen lässt, braun. Den roten-Schnee füllt man auf den weißen, den braunen auf den roten Schnee. Nun drückt man den gut schließenden Deckel auf die Form und stellt diese 3 Stunden, an sehr heißen Tagen über Nacht, wohlverpackt in kleingehauenes Eis mit Salz vermischt. Man kann den Rahm auch weiß lassen.

Vanilleeis (ohne Sahne)

1 Stange Vanille lässt man mit 1 1/2 Liter Milch auf dem Herd ausziehen, dann rührt man 12 Eigelb, 250 Gramm gestoßenen Zucker und 3 Platten weiße Gelatine dazu und lässt dies unter beständigem Schlagen bis zum Kochen kommen. Dann nimmt man die Creme ab

und rührt ein Stück Butter, reichlich ein Ei dick, darunter, was das Eis rahmartig macht.

Man schlägt die Masse mit dem Besen bis sie kalt geworden ist und füllt sie dann in die Gefrierbüchse ein.

Gutes einfaches Vanilleeis

1/2 Liter süße Sahne, 1/2 Liter Milch, 8 Eigelb, 160 – 200 Gramm Zucker, je nach Geschmack, ob man's süß oder weniger süß wünscht, und 1 Stange Vanille, dies lässt man auf dem Herd in der Milch ausziehen, lässt dann alles zusammen bis vors Kochen kommen und füllt die Masse erkaltet in die Eismaschine. Hat man keinen Rahm, nimmt man 1 Liter Milch stattdessen, das Eis wird trotzdem sehr wohlschmeckend. Es wird leichter fest, wenn man 1/2 Teelöffel voll Stärkemehl mit der Creme kocht.

Von dem Eiweiß kann man eine sehr schöne Baiser-Torte backen, die man mehrere Tage vor dem Gebrauch fertigstellen kann und dann mit Schlagrahm verziert, den man nach Belieben mit Ananasscheibchen vermischt.

Winter-Freudchen

Man nimmt frisch gefallenen Schnee und richtet ihn flink, bergartig auf einer Schüssel an, schüttet reichlich guten dicken Himbeersaft darüber und serviert ihn sofort.

HERZHAFTE NACHSPEISEN

Eier-Krackelinge

Man rechnet auf jede Person 1 Ei, macht einen guten Pfannkuchenteig, nicht zu dick, und nimmt eine recht große Pfanne oder Topf, gibt
reichlich Fett hinein und lässt den Teig sich dünn darin ausbreiten.
Wenn der Teig unten gut angebacken ist, nimmt man ein Pfannenmesser, löst ihn los, dass es einzelne Stücke gibt und rührt darin mit dem
Messer, bis die Stücke von beiden Seiten braun sind. Wer die Kracke-
linge zum ersten Male macht, versuche es am besten mit 1 einzelnen
Ei und 1 Mehllöffel Mehl mit etwas Milch und Salz. Das Gericht ist
vorzüglich, wenn es richtig gemacht wird und eignet sich sowohl als
Beilage statt der Kartoffeln zum Salat, Spinat, oder auch mit frisch
gekochtem Obst jeder Art als Nachtisch.

Hygiama-Zwieback

Unter die beschriebene Masse in Rezept „Zwieback II. (sehr gut)" gibt
man, nachdem der Teig aufgegangen ist, 4 Esslöffel voll Hygiama-Pulver und bäckt die Zwieback nach Vorschrift. Wenn sie fertig geröstet
sind, macht man von Hygiama-Pulver und Wasser einen Guss, der so
steif sein muss, dass er sich streichen lässt, hiermit überzieht man die
Zwieback und lässt sie trocknen.

Natürlich kann man auch gekaufte Zwieback mit oben angegebe-
nem Guss überstreichen und nach Belieben einige geriebene Haselnüsse unter die Masse rühren.

Kartoffelkuchen Nr. 1

Man kocht tags vor dem Gebrauch Kartoffeln mit der Schale ohne
Salz, zieht sie gleich ab, reibt sie, wenn sie kalt geworden sind, und
verbraucht nur das, was hinter die Reibe fällt, damit keine Kartoffel-
stückchen darin enthalten sind. Am Backtage rührt man 325 Gramm
Zucker mit 10 Eigelb, 200 Gramm süße und 50 Gramm bittere abge-

zogene, gestoßene Mandeln lange nach einer Richtung, dann gibt man löffelweise 625 Gramm geriebene Kartoffeln nach und nach hinein und zuletzt das zu Schnee geschlagene Eiweiß der 10 Eier. Der Kuchen muss bei Mittelhitze 3/4 – 1 Stunde backen.

Kartoffelkuchen Nr. 2

125 Gramm geriebene, tags vorher gekochte Kartoffeln, dazu 125 Gramm gestoßener und gesiebter Zucker, die abgeriebene Schale 1 Zitrone, deren Saft und 7 ganze Eier. Dies alles rührt man 1/2 Stunde und gibt die Masse in eine mit Butter und Zwieback hergerichtete Form. Backzeit 3/4 Stunde.

Kartoffelplätzchen
(vorzüglich, wenn sie nicht zu lange vor dem Gebrauch gebacken werden)

250 Gramm tags vor dem Gebrauch mit der Schale gekochte Kartoffeln fein gerieben (man nimmt nur das, was hinter die Reibe fällt), 250 Gramm gestoßener Zucker, 2 ganze Eier, 250 Gramm Butter, 250 Gramm feines Mehl, etwas abgeriebene Zitronenschale.

Zuerst rührt man die Butter zu Sahne, gibt nach und nach den Zucker, Eier, Mehl und die geriebenen Kartoffeln mit dem Gewürz hinein; hat man alles gut verrührt, rollt man den Teig auf dem Backbrett nicht zu dünn aus, sticht Formen, in Mehl getaucht, da der Teig sehr locker ist und leicht anhängt, aus, bestreicht das Backwerk mit zerquirltem Ei und bäckt es schnell in nicht zu heißem Ofen hellgelb.

Kräuterkränze

250 Gramm Kräuterbutter, 250 Gramm Mehl, 4 Eidotter und etwas Salz. Hiervon macht man einen Teig, formt kleine Kränzchen, legt sie dann 1 Minute in kochendes Wasser, hierauf auf ein Blech, bestreicht sie

mit Kräuterbutter und lässt sie langsam gar backen. Diese Kränze sind vortrefflich als Beilage zum Tee. Auf dieselbe Weise macht man Krebskränze, nur fügt man dann noch 100 Gramm Zucker zu der Krebsbutter, die man statt der Kräuterbutter nimmt, und bestreicht die Kränze nach dem Backen mit gekochter Zuckerglasur. – Zur Kräuterbutter nimmt man Petersilie, Schnittlauch, Estragon, Schalotten und Pimpinelle, ganz fein gehackt, so viel, dass die Butter ganz grün aussieht.

Krebsbutter bereitet man aus den roten, im Mörser fein gestoßenen Krebsschalen, die man mit 250 Gramm Butter, reichlich gewogen, auf dem Herd 1/2 Stunde langsam braten lässt. Dann schüttet man die Butter durch ein Sieb, gießt noch Wasser auf die Schalen, lässt sie abermals kochen, schüttet diese Flüssigkeit in ein Näpfchen, nimmt am folgenden Tage die Butter von dem Wasser und gibt sie zu der erst gewonnenen Krebsbutter.

Rodon von Kartoffeln

Man kocht tags vor dem Gebrauch Kartoffeln mit der Schale, dann reibt man sie recht fein und nimmt nur, was hinter die Reibe fällt, 625 Gramm. 10 Eigelb verrührt man mit 160 Gramm Zucker, 60 Gramm süßen und 60 Gramm bitteren gestoßenen Mandeln, rührt die Masse nach derselben Richtung, mischt zuletzt den steifen Eierschnee durch, gibt dies in eine mit Butter ausgestrichene Form und lässt den Rodon 1 gute Stunde backen. Am besten bäckt man den Rodon einige Tage vor dem Gebrauch. Gekochtes Obst schmeckt gut dazu, wenn man ihn statt zum Kaffee zum Nachtisch geben will.

Roggenbrot mit Korinthen

750 Gramm Weizenmehl, 250 Gramm Roggenmehl, 1 Esslöffel voll Salz, für 5 Pfg. Hefe (etwa 40 Gramm), reichlich 1/2 Liter Wasser und 500 – 700 Gramm gut ausgesuchte und gewaschene Korinthen. Hiervon macht man einen Teig, nachdem man vorher ein Hefenstück angesetzt hat.

Nachdem man den Teig tüchtig geknetet hat, formt man ein Brot und bäckt es in heißem Ofen. Wenn dasselbe gar ist, bestreicht man es mit Kartoffelmehl, das man mit heißem Wasser wie Stärke dünn anrührt und lässt das Brot im Ofen oben trocknen, dadurch wird es glänzend und gewinnt ein schöneres Ansehen.

Zwieback II. (sehr gut)

250 Gramm Butter, 3 Eier, 3 Esslöffel voll Zucker, 1 Kilo Mehl, 75 Gramm Hefe (für 10 Pfg.), ungefähr 1/2 Liter Milch. Zunächst macht man von der Hefe mit einem Teil des Mehles und etwas Milch einen Vorteig, den man gehen lässt. Dann tut man das Übrige hinzu, formt Brote und lässt sie backen. Wenn dieselben erkaltet sind, schneidet man Scheiben und lässt den Zwieback in ziemlich heißem Backofen auf beiden Seiten gelb rösten.

Zwiebelchen

50 Gramm geschälte, gestoßene Mandeln, darunter 2 Stück bittere, 125 Gramm gestoßener Zucker, 3 Eier (das Weiße zu Schnee geschlagen), 150 Gramm tags vorher mit der Schale gekochte, geriebene Kartoffeln.

Zucker, Eier und Mandeln rührt man tüchtig, gibt die Kartoffeln hinzu, wirkt den Teig auf mehlbestreutem Backbrett, welgert ihn kleinfingerdick aus, formt zwiebelähnliche Bällchen und bäckt sie, schwimmend in Schmalz, dunkelgelb. Wenn der Teig auf dem Brett anklebt, nimmt man noch etwas Mehl zum Auswelgern. Man kann den Teig auch mit der Mandelform ausstechen.

REGISTER